MW01701424

VLIEGERS ZIJN LIEGERS

Jan Breman

VLIEGERS ZIJN LIEGERS

Aerotische verhalen

Elsevier Amsterdam

Voor al de dierbare liegers die
reeds in de wolken zijn

Eerste druk: december 2007

Tweede druk: januari 2008

Derde druk: maart 2008

Vierde druk: mei 2008

Vijfde druk: april 2009

Oorspronkelijke titel: *Flyers are Liars*

Vertaling: Edwin Krijgsman

Redactie: Tonny van Winssen

Vormgeving omslag en binnenwerk: Peter ter Mors

Foto omslag: Skyscan/Corbis

Foto achterplat: Marco Bakker

Druk: Wilco, Amersfoort

Elsevier, Postbus 152, 1000 AD Amsterdam

Bestellen: www.elsevier.nl/boeken

ISBN: 978 90 6882 874 0

Nur: 465

Inhoud

Voorwoord

Liegen is verwerpelijk. Een leugen meer dan laakbaar. Maar zo'n beetje overdrijven is niet echt liegen. Meer 'liegeren', om een nieuw woord aan onze taal te schenken. En liegeren wordt bedreven door liegeraars. In het kort: door liegers. Fabulanten, om het anders te zeggen. Het leven zou immers immens saai en zwart-wit zijn indien we alleen maar de kale, onopgesmukte waarheid zouden vertellen. Dus de mens heeft het fabuleren uitgevonden, het liegeren.

Fabuleren, liegeren is niet de waarheid vertellen, dat is waar. Maar het is, op de keper beschouwd, ook geen liegen. En als degene tegen wie gefabuleerd wordt zich daar ten volle van bewust is, kan fabuleren een uiterst welkome vorm van intermenselijke communicatie zijn.

In de beste betekenis ervan en bij een juiste toepassing verleent fabuleren de waarheid een beetje extra smaak, het is het kersje op de taart, een extra dimensie, een vleugje geur en kleur. En voorzien we in de regel onze persoonlijke ervaringen al niet van een beetje overdrijving? Zijn we in zekere zin niet allemaal fabulanten? Schrijvers, schilders zeker, wijzelf als we verslag doen van ons bezoek aan de tandarts. Jagers en vissers. En vliegeniers, vliegers, zeker. Zij vooral.

Het heeft allemaal te maken met ieders eigen, subjectieve perceptie. Nu denken vele, zo niet alle vliegeniers dat wat zij meemaken en ervaren, of beter nog, wat zij – in hun fabulerende herinnering – denken te hebben meegemaakt en ervaren – volstrekt uniek is en onovertroffen vermakelijk en genotgevend, en dat het verteld móét worden. En dus worden die verhalen ook steeds maar weer, vaak tot verveling en zelfs wanhoop van de familie, verteld.

Het is allemaal heel begrijpelijk. Vliegen ís een unieke ervaring, vliegen ís kleuren en muziek, vliegen ís sensueel en hedonistisch en ja, soms is vliegen beangstigend. Vliegen brengt een heel scala aan emoties teweeg. Je gaat ervan bruisen, je ogen gaan ervan stralen, het leidt tot zelfbespiegeling. Dus als een vliegenier een verhaal vertelt, dan moet hij simpelweg die kers op de taart aanbrengen, hij moet simpelweg de boel verfraaien, overdrijven. Maar niet liegen. Dat nooit. Dat zou alles bederven.

De volledig ware gebeurtenissen die volgen zijn in hun verhaaltrant zowel taart als kers. Soms zijn ze meer het een dan het ander. En soms meer het ander dan het een. Maar geen leugens. Alleen ietwat opgesmukte verhalen over ware gebeurtenissen. Waarom dan *Vliegers zijn liegers*? Simpelweg omdat 'Vliegers zijn fabulanten' of 'Vliegers zijn liegeraars' niet rijmt. Waarom anders?

Jan Breman

Pief, paf, je bent dood

Het negenjarige jongetje kende het duinlandschap in de buurt van zijn woonplaats als zijn broekzak. In de ene richting kon hij achter een heuvel verdwijnen en vervolgens, door de glooiingen te volgen in het landschap dat hij zo goed kende, een omtrekkende beweging maken en zich met een wilde schreeuw op de rug storten van wie hij daar nietsvermoedend had achtergelaten. Dit keer was hij op de smalle richel van een klein duin van richting veranderd. Hij spreidde zijn armen, begon te rennen en voelde zich veranderen in een mooi gestroomlijnde vliegmachine. Hij sprong over de heuvelkam en ging met gecontroleerde slalombewegingen naar beneden. De hele tijd hield hij zijn armen gespreid en hij zigzagde om het afweervuur te ontwijken dat hem zogenaamd tegemoetkwam, terwijl hij zijn vizier gericht hield op de rug van zijn vriend, die een andere kant op keek, en riep: ‘Ratatata, pief, paf, je bent dood.’ Hij greep hem vast en lachend rolden ze over de zanderige grond van de kleine duinpan. ‘Daar had ik je mooi te grazen, toch?’

Het is tegenwoordig niet heel verrassend om te beweren dat kindergedrag vooral wordt bepaald door aangeboren atavistische neigingen, die vooral de drang tot zelfbehoud dienen. Later wordt dat gemaskeerd, of naar men mag hopen in elk geval beteugeld door gedrag dat beter past bij wat we nu aanduiden als de *homo sapiens sapiens*, de mens die weet dat hij weet. Of, in dit geval, veeleer een mens die zou moeten weten dat die assertieve agressie van ver terug in de geschiedenis van de mensheid dateert, zo niet al uit de tijd van de schepping. Dat is nogal wat, maar zo staat het in de boeken.

Is het niet eenvoudiger om te zeggen dat volwassen mensen – tegenwoordig ook vrouwen, om politiek correct te zijn – zouden moeten inzien dat oorlogje spelen alleen iets voor kinderen is? 'Pief, paf, je bent dood' is niet iets voor volwassenen. Als we die neiging toch voelen, dan zouden we ons moeten schamen. Of in elk geval moeten proberen ons niet te laten betrappen.

Maar geldt dat voor al het kinderspel van volwassenen? Varen, vissen, skiën, gewoon plezier maken? Vliegen, bijvoorbeeld. Om een vogel te zijn, een te worden met de lucht, de hemel en de wolken, met de spanning en de opwinding, de geur van de cockpit en, ja, zelfs met angst en paniek? Zou men dat ook moeten onderdrukken? Zeer zeker niet, beweren wij. Dat zijn onschuldige dingen. Geniet en speel op alle mogelijke manieren, maar uiteraard niet overdrijven graag. Alles in de juiste mate en op het gepaste moment. Dus vlieg niet te laag, probeer je machine niet tot het uiterste te laten gaan, alleen maar een beetje luchtacrobatiek, een of twee pogingen om een spin uit te voeren, geen onverantwoord vertoon. En zeker geen, we herhalen, géén agressief exhibitionisme. Er bestaat niet zoiets als een *old boy pilot*; die haalt de pensioengerechtige leeftijd nooit. Dat is ons allemaal ingeprent in de begintijd van onze vliegopleiding.

We weten het allemaal, nietwaar? Maar tegelijkertijd hebben we geleerd om sluwe hypocrieten te worden, ons Walter Mitty-alter ego af te leggen wanneer we terugslenteren naar het clubgebouw en de bar. Wanneer we ons met ons ouwe lijf uit de cockpit wringen, hebben we Mitty's denkbeeldige *Distinguished Flying Cross* of de ringen van squadroncommandant weer laten verdwijnen. Natuurlijk wel met dien verstande dat de anderen in de club of de bar hopelijk zelf tot de conclusie zijn gekomen dat jij wel degelijk aanspraak mag maken op onderscheidingen en strepen.

Veinzen, verhullen, verbergen, aftroeven, zo heet het spel.

Op subtiele wijze. Het biedt gewillige toeschouwers alleen een vaag vermoeden van je moed en behendigheid. Van wat je doet of deed en, beter nog, zou kunnen doen. En tegelijkertijd wist het sporen van het kind binnen in je uit. Want per slot van rekening ben je nu volwassen, stabiel, bescheiden en zeker niet agressief, geen sprake van.

Het weer, ja de dag zelf, was volmaakt. Herfstbriesje. Balsem voor zijn stijve gewrichten. Luchtige stapelwolken op de meteorologische hoogte waarop ze hoorden te zijn, de geur van rijpende zuurkool op het Elzasser platteland rond Straatsburg. Een *va-et-vient* op de Aérodrome du Polygone. Terwijl hij met verrassend meer gemak in de cockpit klom dan anders, ervoer hij zelfs een zwierigheid die van lang geleden dateerde. Hij voelde zich – hoe moest hij het zeggen? – overmoedig. Zonder meer overmoedig.

De lucht had precies de goede vochtigheid om het de motor naar de zin te maken. De Fransoos in de verkeerstoren die Anglo-Frans sprak voor hem, een buitenlander. De vriendelijkheid van zijn *bonjour, bonjour mes amis*-houding, die zelfs doorklonk bij het gekraak op de frequentie van de verkeerstoren toen die liet horen dat er mogelijk sprake was van laagvliegende militaire toestellen in de regio. Hij zag het jonge Franse stel dat aan het begin van de landingsbaan van gras tussen het gezoen door naar het opstijgen en landen keek. De 130 paarden van de Petit Bleu, zijn eigen Emeraude, trokken hem steeds sneller voort. Het gevoel van het kleine toestel dat reageerde op de opwaartse druk die werd voortgebracht door de luchtstroom langs de rondingen van de prachtig vormgegeven elliptische vleugels. Vleugels die zo, op een kleinere schaal natuurlijk, de eigenschappen van zijn Spitfire van weleer boden.

Solo vliegen in de tweepersoonscockpit met zijn cockpitdak met 360 graden zicht. Instrumentenpaneel met alleen het redelijkerwijs noodzakelijke. Niet eens een magneetsleutel. Slechts de twee tuimelschakelaars voor elke set magneten. Alleen maar brandstof in de voorste tank, om het toestel zo licht mogelijk te houden. Wat ontbrak waren de achteruitkijkspiegel en een reflectorvizier. Maar dat was natuurlijk weer Walter Mitty die zich heel onvolwassen deed gelden.

Zonder een vooropgesteld plan steeg hij naar 4.000 voet en zette koers naar het zuiden, praktisch parallel aan de Rijn, langs de westoever. Hij voelde zich zoals iemand zich op een dag als deze zou moeten voelen. Een onbeantwoorde opwinding net onder de huid. Omdat een louter rechte koers hem niet kon bekoren, ging hij over tot wat luchtacrobatiek. Altijd leuk, maar op een of andere manier niet zo goed uitgevoerd als hij meende te kunnen. Hij vloog aan het eind van de *looping* niet door zijn eigen slipstream, zijn *barrel roll* was niet vloeiend en zelfs zijn *steep turns* waren zouteloos. Vervolgens ontwaarde hij onder zich op een convergerende koers een les-Cessna. Hij dook in een bocht naar beneden om, zo hoopte hij, een aanval schuin van achteren uit te voeren die hem recht achter zijn prooi zou brengen en iets lager, zodat hij met zijn hogere snelheid langszij zou kunnen komen en aan stuurboord naast de Cessna komen vliegen. En natuurlijk de Franse instructeur in de rechterstoel van het toestel imponeren.

Niet dus. Het werd een totale sof. Ten eerste zat hij horizontaal te dicht op de koers van de Cessna, en hij vloog ook niet hoog genoeg. De *wingover* die hij voor ogen had gehad resulteerde in een steile neerwaartse zijrol – opnieuw niet vloeiend – met uiteindelijk een veel te hoge snelheid. Gas terugnemen en naar de hoogte van de ander klimmen maakte wat goed, maar het werd niets met dat soepeltjes langszij komen om indruk te maken op de instructeur. In plaats daarvan boog hij, om te voorkomen dat hij te dicht over zijn prooi zou schieten, scherp naar stuurboord af. Toen ze naast elkaar zaten vlogen ze zij aan zij op een zodanige afstand dat je je afvroeg of er sprake was van twee vliegtuigen die ongeveer in dezelfde richting gingen of dat de piloot van de kleine blauwe eendekker zijn hoofd in de cockpit gestoken had vanwege een kaartleesoefening. Toen hij uiteindelijk bij de Cessna kwam was hij blij dat de instructeur zijn onhandige manoeuvres van even daarvoor niet had opgemerkt. Diens aandacht werd volledig in beslag genomen door zijn leerling en toen hij ten slotte de Petit Bleu naast zich opmerkte, wuifde hij vriendelijk met een glimlach die paste bij zo'n mooie dag om te vliegen. Aardige Fransoos.

Maar los van het uiteindelijke in formatie vliegen, was het een slordige exercitie geweest. Geen controle, niet van te voren de situatie geanalyseerd, eigenlijk helemaal geen vooropgezet plan of instructies aan zichzelf. Hij schoot naar rechts en won hoogte om nog wat capriolen uit te halen. Dit keer ging het goed. In het tweede gedeelte van de achterwaartse *looping* hield hij zijn vleugels horizontaal en zijn neus verticaal en zeilde beneden schitterend door de warboel van de door hem zelf verstoorde lucht, zonder uiteindelijk ook maar een centimeter hoogte te hebben verloren. Dat gaf een lekker gevoel. Zelfs Mitty-achtig. Jammer dat hij niet nog een keer een aanval schuin van achteren kon proberen. De Cessna was verdwenen.

Toen hij de tweede *looping* had volbracht, merkte hij recht voor zich en een beetje verder naar beneden een wolkje op. Het zicht onder de losse stapelwolk was helder en het duurde even voor het tot hem doordrong wat er aan de hand was. In het rookwolkje werden inmiddels twee stippen zichtbaar die uitgroeiden tot vage sihouetten van naderende vliegtuigen, een flink stuk lager dan hij. Hij schatte dat ze zich zo'n 150 meter onder hem bevonden. Dat moesten de gevechtsvliegtuigen zijn waar die Fransoos in de verkeerstoren het over had gehad. *Bonjour, bonjour mes amis*, er zijn vandaag wat NAVO-oefeningen gaande. Op geringe hoogte. Maar maak je geen zorgen, *il fait beau* en je zou ze moeten zien.

In die dagen bleven de Fransen aan hun kant van de Rijn, de westkant, terwijl andere NAVO-gevechtsvliegtuigen, zoals de Canadezen met hun F-104's in Lahr, met hun Duitse gastheren aan de oostelijke kant op stap gingen. De vaste patronen in zijn geheugen gaven signalen af: daar in de verte was iets niet in de haak. En opeens wist hij het: Franse straaljagers – de Mirages, Mystères, Ouragans, zelfs Fouga-trainers – rookten niet. Het was typisch voor Amerikaanse straalmotoren om een spoor van smerige uitlaatgassen achter zich te trekken. Dus moesten het – zoals ook bleek toen de silhouetten in de rook beter zichtbaar werden – F-104's zijn die hem snel naderden, Starfighters van de andere kant van de Rijn. Die zich niet zouden moeten bevinden waar hij ze nu zag. En geen Franse gevechtsvliegtuigen in de buurt om ze te verjagen, zoals je zou verwachten bij de oorlogsspelletjes die zich voltrokken.

De eer van Frankrijk stond op het spel en het leek erop dat hij, een buitenlander nota bene, de enige was die iets kon doen – en daarom ook iets móést doen. De latente opwinding tijdens het eerste deel van zijn vlucht liet zich nu gelden. De adrenaline raasde door zijn bloed terwijl hij de naderingssnelheid inschatte en de noodzaak om van hoogte en koers te veranderen, en in welke mate dan. De straaljagers en hij vlogen elkaar pal noord-zuid tegemoet. Hij vloog met 100 knopen en zij vermoedelijk met 400 knopen, zodat ze elkaar met 500 zeemijlen per uur naderden. En zijn geheugen verschafte hem theoretische en praktische informatie uit de langvervlogen tijd van zijn *air gunnery*-opleiding, de tijd van vóór de straaljagers. Dit moest gaan uitlopen op een klassieke recht-van-voren-benadering, maar dan wel iets hoger en iets opzij, en vervolgens op tijd – 'wacht niet te lang met de *wingover*, of het loopt uit op een vruchteloze achtervolging' – overgaan in een aanval schuin van achteren in duikvlucht. Maar dan een behoorlijke, niet zoals dat geknoei met die Cessna.

Hij inspecteerde het luchtruim om zich heen – hij moest echt eens een achteruitkijkspiegel laten monteren – en trok zijn gordel strakker aan, waardoor hij zijn zitvlak steviger tegen de zitting voelde drukken. Hij stelde zijn koers bij en gaf vol gas tot de maximumsnelheid, waarna hij langzaam daalde tot de hoogte waarop hij zijn aanval zou inzetten. De stippen waren inmiddels uitgegroeid tot twee duidelijk waarneembare

Starfighters die zo'n 20 meter uit elkaar in formatie vlogen. Hij merkte hoe de tijd langzamer leek te verstrijken, zelfs bij deze ongebruikelijke naderingssnelheid. Hij stelde vast dat de 104's verschillende kentekens hadden, ondanks de 'twee uur'-positie waarin ze vlogen. De eerste was een Canadees, de ander, aan bakboord, een Duitser. Hij vroeg zich af of ze hem hadden opgemerkt, hij kon ze niet oproepen op hun militaire frequentie. Hij hoorde trouwens niets anders dan het gebabbel van het lokale vliegverkeer rond het Polygone-vliegveld.

Hij paste de koers van zijn toestel enigszins aan, voelde zijn nekharen overeind staan en hij wist dat het moment gekomen was. *Vive la France*. Hij maakt een *wingover* naar rechts en zag hoe de straaljagers opeens sneller leken te gaan en onder zijn toestel door verdwenen. Nadat hij schuin naar beneden was gedoken zag hij ze links van hem weer verschijnen, iets lager dan hij. Hij vlakte zijn bocht wat af, terwijl zij nog steeds op hoge snelheid naast elkaar vlogen, en tijdens zijn draai, een prachtige draai, bleef het voorste toestel rechts in zijn blikveld – waar was in 's hemelsnaam dat reflectorvizier – tot hij hun koers vloog, achter en iets onder hen. Hij had de hele tijd 'geratataat', zijn blik op hun uitlaten gericht, en vervolgens het vizier op nummer twee om ook hem de volle laag gegeven. In zijn opwinding had hij de radioknop op zijn stuurknuppel ingedrukt, in zekere zin in de hoop dat zij het ook konden horen. Ratatata, pief paf, jij bent dood. Weer een Canadees minder, weer een mof minder.

Terwijl de straaljagers met een snelheid van 400 knopen verdwenen, had hij ook nog genoeg snelheid, bijna 125 knopen, dus waarom geen mooie opwaartse *charley* gemaakt, een klimmende rol. Geen haperingen dit keer, geen geklooi, een volmaakte tuimeling. Het gebabbel op de radio viel plotseling stil. Opeens liet de Fransoos in de verkeerstoren zich horen: 'Hier het vliegveld van Polygone, wilt u zich melden.' Hij kon zich maar beter op de vlakte houden, maar een hernieuwde oproep deed hem zich afvragen of het vliegveld van Polygone hém misschien had opgeroepen en waarom. De verkeerstoren-

Fransoos, wiens goede humeur van die ochtend overduidelijk was verdwenen, herinnerde hem streng aan de correcte radioprocedures. Kon Bravo Julia Mike Quebec misschien uitleggen wat dat ge-ratatatapiefpaf betekende?

'*Rien du tout*, alleen maar dat de eer van Frankrijk is gered. Op deze heerlijke ochtend waren een Canadese en een moffenstraaljager de zalige luchten van Frankrijk aan het bezoedelen. Dat zullen ze niet meer doen.' Maar je was door de verkeerstoren gewaarschuwd voor Franse oefeningen. '*Bien sûr*, maar het waren een Canadees en een mof. *Aucune grenouille*, geen

Fransoos te bekennen.'

Het was eruit voor hij er erg in had, en hij had beter moeten weten. De verkeerstoren-Fransoos klonk duidelijk bestraffend: 'Bravo Julia Mike Quebec, het Franse luchtruim wordt bewaakt door Franse straaljagers bestuurd door Franse piloten. Geen *grenouilles*. Graag melden na de landing.' Roger, is goed, *oui, oui*. Loop naar de hel, vent, als ik hém eens kon ratatatapiefpaffen.

Het gesprek had hem niet gedwee gemaakt. Gedurende de hele vlucht terug bleef de adrenaline met jeugdig enthousiasme doorpompen. Hij zou kort na het middaguur landen en hij wist dat de verkeerstoren-Fransoos zou zijn gaan lunchen en dat er niemand dienst zou hebben. Laag over de verkeerstoren vliegen zou weinig effect hebben, dus hij kon beter met hoge snelheid en laag over de landingsbaan aan komen vliegen met – hoeveel ook weer? – 125 knopen en een mooie opwaartste *victory charley* doen. Met de wind tegen meldde hij zijn positie aan iedereen die luisterde en kondigde een lage passage aan. Met 125 knopen op de teller trok hij het toestel steil omhoog en draaide vervolgens om zijn as naar rechts, geholpen door het koppel van zijn motor. Er was niemand te zien, behalve in de verte een Cessna. Alle Fransozen gaan lunchen. En toen hij op z'n kop hing zag hij de twee geliefden in het gras aan het eind van de landingsbaan, die geïnteresseerd waren in heel andere dingen dan eten.

Hij zou het voor hén doen, geen flauwekul. Hij kwam heel laag aanvliegen en scheerde, het gas vol open, over de madeliefjes. Hij zag ze voor hem opspringen, in beide richtingen gaan en naar de grond duiken toen hij over de plek raasde waar ze net hadden gelegen. En toen, nadat hij de knop van zijn radio weer had uitgezet: 'Ratatata, pief, paf, je bent dood.' Optrekken en een bocht maken voor een *fullstop*-landing, en niemand in de verkeerstoren die het ziet of iets kan zeggen. De koning te rijk. Tot de radio zich liet horen en de instructeur in de Cessna, die nu binnen bereik was, zei: 'Mike Quebec, *c'est enfantin*, wat ongelooflijk kinderachtig.'

Beter maar even bij hem uit de buurt blijven. Misschien had hij zelfs wel zijn blunder opgemerkt tijdens zijn aanval schuin van achter op hem. Maar waarom zou hij zijn dag laten bederven door zulke misselijke opmerkingen? Hij taxiede terug en schoof zijn cockpitdak open. Terwijl hij op de zijkant van zijn Petit Bleu klopte, drukte hij de knop van de radio in en zei: 'Een Canadees minder, een mof minder en twee Fransozen. Allemaal op één dag. Niet gek, toch? En wacht maar wat ik allemaal kan als ik groot ben.'

Kouwe kont

Saai was niet het goede woord. Het was erger dan dat, veel erger, omdat hij – ten eerste – geen concrete, precieze oorzaak kon aanwijzen voor zijn algehele gevoel van frustratie en onbehagen en – ten tweede – niet kon aangeven wat hij in plaats daarvan zou willen voelen. Ik bedoel, écht in plaats daarvan zou willen voelen. Er was geen sprake van lichamelijk ongemak. Er was niets mis met de stoel waarin hij zat, behalve dat hij met de rug naar het raam stond dat uitkeek op de bomen met daarboven de bleekblauwe winterlucht. Met een heldere, verlokkende, wenkende witte wolk. Een schitterende wolk. Een *cloud nine*, eigenlijk.

De reden dat zijn stoel met de rug naar de buitenwereld was gekeerd, lag in het feit dat hij tegenover een halve cirkel van stoelen en bureaus stond. Het Heiligste van het Heiligste: de Raadskamer van de Raad van Europa. Zijn stoel was De Zetel: hij ondersteunde het hooggeëerde achterwerk van degene die de taak van Voorzitter van de Ministerraad van de Raad van Europa had. En hoewel hijzelf zeker geen minister was, droeg hij het lopende semester die last. Alles in naam van de Vrede, Broederschap, Mensenrechten, Europa, Zijn Land, zijn Koningin en zijn minister van Buitenlandse Zaken, de laatste altijd afwezig, altijd in zijn hoofdstad. Reden waarom hij zelf – hoewel de diepere betekenis daarvan hem altijd was ontgaan – officieel bekendstond als Permanente Vertegenwoordiger van zijn land bij de eerbiedwaardige Raad van Europa in Straatsburg, Frankrijk. De enige positieve gedachte die hij had was dat hij noch permanent was, noch zich zo voelde. Met uitzondering misschien van de permanente gedachte dat hij daar, met al dat blablabla, niet helemaal op z'n plaats was. Vandaag in elk geval. *Cloud nine* daar achter hem in de lucht, dat was echt iets permanents.

De vergadering kabbelde voort. Om die uitstekende reden hadden de meesten van de Permanente Vertegenwoordigers van de andere lidstaten het saaie gedoe overgelaten aan hun secondanten, die er natuurlijk voor hadden gekozen om hun tijdelijke gewichtigheid te benadrukken door elk agendapunt te rekken alsof ze bezig waren een internationale crisis af te wenden. Tot zijn groeiende frustratie. Hij had wel wat beters te doen. Dat diepe inzicht fluisterde hij naar de secretaris van de conferentie naast hem.

'Zoals wat?'

'Nou, zoals dat daar, bijvoorbeeld.' Hij zei het terwijl hij achterwaarts over zijn linkerschouder keek. '*Seven o'clock high*, om het zo maar te zeggen. *Cloud nine*.'

Precies op dat moment liep er een mooie vertaalster Frans-Engels met lange benen achter hem langs door de Raadskamer en gaf met een knikje in de richting van de Zetel aan dat ze even afwezig zou zijn. De secretaris, die dacht dat het knikje die vleselijke verleiding betrof maar zich tegelijkertijd bewust was van zijn carrière en zijn verplichtingen jegens de Zetel, koos voor een neutraal: 'Ja, natuurlijk, ha, ha.'

Rare knaap, die secretaris, dacht hij, maar goed, wat kon je ook verwachten van het prototype van een burgerlijke dienaar. Je kon toch moeilijk verwachten dat hij wist wat het betekende om *cloud nine* te bereiken, eromheen te razen, de schone vrieslucht waar zij van afstamde in te ademen, het paard dat je berijdt te voelen reageren op elke beweging. En *cloud nine* was er dan ook, wachtend op hem, hoog boven de bomen achter zijn stoel op – hoeveel zou het zijn? – 9.000 voet.

Dat kon hij allemaal niet uitleggen aan de secretaris, en

dat wilde hij ook niet. Hij zou zijn vage gemijmer niet hebben begrepen. Die had echter, door de verkeerde interpretatie van zijn woorden, vergelijkbare gedachten, maar dan wat laag-bij-de-grondser. Inmiddels had hij de mooie vertaalster opgemerkt die de ruimte verliet en hij vroeg de secretaris: 'Waarom loopt zij de vergadering uit?' *'Cloud nine?'* opperde de secretaris. Hij had geruchten opgevangen dat zijn Voorzitter een oogje op haar had. Hij verdrong snel de gedachte dat dit allemaal opgevat kon worden als een signaal voor een verstolen rendez-vouz, maar het prikkelde zijn fantasie.

'Wat, zij?' Ja, waarom? Ze zou een uitstekend lid van de bemanning zijn. En toen, terwijl een van de andere gedelegeerden een zouteloos pleidooi hield voor Europese unificatie van medicijnopschriften, zei hij tegen de secretaris: 'Ik heb er genoeg van. Op naar mijn eigen *cloud nine*. Wil je de vicevoorzitter vragen of hij mij wil vervangen. Tot morgen.'

Niets zo spannend als spijbelen. En niets veiliger dan dat te doen als je zelf het hoofd van de school bent. Dit was zijn verstandigste beslissing sinds hij geïnstalleerd was. Hij ging naar zijn vliegtuig op het zo groots aangeduide Aérodrome du Polygone en die kleine wolk najagen. Ze (hij duidde dingen die betrekking hadden op de luchtvaart bij voorkeur als vrouwelijk aan) stond er nog in de al tanende middagzon. De lucht was roerloos, de windzak bewoog niet en de motor startte meteen, op z'n gemak in de koude namiddaglucht. Hij had al besloten om zo hoog mogelijk te gaan – onder deze omstandigheden kon je verwachten dat de motor zou klimmen als de beste.

Hij begon aan het eerste deel van zijn klim, wriemelde met zijn tenen in de warme wollen sokken in zijn bontlaarzen, deed hetzelfde met zijn vingers in zijn handschoenen, dook weg in zijn jack en schikte de koptelefoon die hij over de wollen skimuts droeg. De motor pruttelde rustig, de temperatuur daalde gestaag met elke 100 meter die hij onder zich liet. De verwarming was het zwakke punt van het juweeltje waarin hij vloog, maar dat maakte niet veel uit, althans voorlopig. De lage zon straalde rond het cockpitdak en hij genoot volop van de warmte binnen.

De Polygone-verkeerstoren meldde dat ze naar huis gingen, er was geen vliegverkeer. Inderdaad was er niemand in de lucht om hem heen. De bergen in de diepte, de Vogezen met hun diepblauwe glans, zelfs bij het laag invallende licht, en het Zwarte Woud aan de andere kant van de Rijn, verhaalden hem van hun eeuwige bestaan en noodden hem om te vragen wat ze sinds het begin der tijden allemaal hadden meegemaakt. Terwijl hij in grote cirkels verder steeg en naar beneden keek, ontving hij hun boodschappen. Hij werd een met ze en met hun verleden. Hoewel het vliegtuig zich verplaatste en de motor zong, had hij het gevoel dat hij onbeweeglijk stilstond. Alles deelde in de stilte. Alleen de aarde onder hem, de schuine stralen van de zon die spoedig achter het dal zou ondergaan, en daar boven, dichterbij nu, in het midden van al dat blauw, zijn *cloud nine*. Het was een tijdloze sensatie.

Toen plopten zijn oren weer open, de stilte verdween, hij hoorde en voelde de motor weer en voelde de voortdurende lichte veranderingen in de druk op de stuurknuppel en het rolroer. Hij was het zelf die vloog, volledig deel van alles. Van het vliegtuig – dat verlengstuk van hemzelf – van zijn eigen wezen, van wat het leven hem had geschonken. En *cloud nine* lokte nog steeds, nauwelijks veranderd, een beetje molliger misschien, en toonde zich in al haar glorie in de zon. Ze nam zelfs een beetje kleur aan. De roze gloed die het einde van een prachtige dag aankondigt.

Op 10.500 voet bevond hij zich ter hoogte van haar bovenkant. Bij het voorbijgaan had de motor nog voldoende kracht om een paar honderd meter verder te stijgen. Maar daarboven was er niets meer, dus dit was het dan. Hij besloot rondom de bovenkant van de wolk te vliegen en begon vervolgens rondjes te draaien, eerst met de zon in de rug, toen na een halve draai de zon pal in zijn gezicht. Recht voor zich, zodat hij zijn ogen moest dichtknijpen. Na het stijgen bleef hij bij steeds hogere snelheid rondjes draaien. Hij voelde de zonnewarmte op zijn gezicht en tegelijkertijd merkte hij hoe donker het in de cockpit was geworden. En dat alle instrumenten de ideale stand aangaven. De temperatuur van de motor daalde weliswaar een beetje, maar wat kon je verwachten met een buitentemperatuur van ruim 20 graden onder nul? Zijn neus was koud en zijn voeten ook. Over z'n neus wrijven en een beetje met zijn tenen wriemelen zorgden ervoor dat dat ongerief verdween.

Hij keek langs zijn wolk naar beneden. Het westelijke deel van de Vogezen lag nog in de zon, net als het hogere gedeelte van het Zwarte Woud voor hem. Maar het Rijndal lag al in het donker gehuld, met daarboven horizontale lichtbanen die alles eronder leken af te schermen. Hij begon de melodie die hij in z'n hoofd had te zingen, voorzien van een onbegrijpelijke tekst. Onder het zingen haalde hij wat luchtacrobatiek uit, zelfs een omgedraaide zijwaarste rol. Vervolgens daalde hij weer wat en cirkelde om zijn wolk, waarbij hij probeerde om de vleugel aan de binnenkant zo veel mogelijk in het wollige goedje te houden. Aan de donkere zijde vloog hij strak onder een overhangend wolkenbalkon en hij stelde zich voor dat degenen die erop stonden zich afvroegen wie er daar beneden langs hun voordeur vloog.

Hij verhoogde de snelheid en dook de wolk binnen, en te midden van die grijze massa merkte hij verrassend weinig turbulentie. Hij nam gas terug terwijl de snelheid nog steeds toenam, liet het donkerste deel achter zich en zag het duister veranderen in grijs. Hij koos een horizontale koers en wachtte tot hij het licht zag, een moment dat moest komen. En daar was het opeens. Eerst nog grijswitte flarden, en toen de explosie van licht met recht voor hem de zon op ooghoogte. Dus zo voelt een geboorte, zo voelt het om geboren te worden. Hij had de indruk dat de *roll* die hij vervolgens maakte het mooiste, volmaakste kunststukje was dat ooit door een piloot was uitgevoerd of zou worden uitgevoerd.

De oude kathedraal van Straatsburg daar beneden priemde

zijn torenspits de hemel in, een permanente vermaning. Het indrukwekkende moderne beton en glas van het gebouw van het Europees Parlement, waarvan zelfs op deze hoogte de grote glazen ramen van de Raadskamer zichtbaar waren, ademde veeleer vergankelijkheid.

Waarom had hij ooit voor die carrière gekozen? Zijn plaats was hier boven. Dit was echt. Geen geblabla hier. Zijn collega's daarbinnen moesten inmiddels hun interessante gesprekken over de harmonisering van medicijnetiketten hebben afgerond en waren misschien, en hopelijk voor hen, in het diepst van hun gedachten aan het mediteren over de schoonheid en magie waarmee op deze dag de middag overging in de avond. Misschien keken ze zelfs wel naar zijn wolk. Vergeet het maar. Hij wist maar al te goed hoe ze verstrikt waren in hun eigen cirkelgang door de internationale bureaucratie.

En die arme secretaris. Dacht hij echt dat hij iets had met die charmante langbenige Engels-Franse vertaalster? Nu hij erover dacht: als ze met hem mee was gegaan had ze vast de soepele *roll* gewaardeerd die hij zojuist maakte; hij was ervan overtuigd. Misschien had hij háár wollige zachtheid moeten verkennen. Aan de andere kant: haar gewicht zou, ondanks haar elegantie, niet bevorderlijk zijn geweest voor het gedrag van het vliegtuig. En zou het ongerepte van zijn ervaring zeker hebben bedorven.

De bergen en de kathedraal daar beneden lieten hun goedkeuring blijken. Hij wist dat de tijd binnen de kortste keren weer op gang zou komen, maar nu hing hij nog in het luchtledige. Zijn wolk wachtte nog op een vaarwel. Hij besloot dat die zoet en lieflijk zou zijn; ze hadden hun momenten van passie en geestdrift beleefd. Maar je kunt niet alles hebben. Hij boog langzaam in haar richting en streelde teder haar flanken, met de punten van zijn vleugels als verlengstukken van zijn vingers. Terwijl hij de uitstulpsels in- en uitvloog liet zij ze oplossen in het niets, zodat haar gladde vormen werden hersteld. 'Tot ziens, *au revoir, auf Wiedersehen.*' Hij zei het niet hardop, hij wist dat daar geen sprake van zou zijn. De avondhemel was al bezig haar op te lossen. Zij, die leek te hebben gewacht op iemand die haar op waarde wist te schatten. Ze was meer dan een geheel van opwaartste stromingen, vocht en dauwpunten. Ze schonk een niet te bevatten betovering.

De tijd begon weer te tikken. Op 9.000 voet hoogte wierp hij nog een keer een blik op haar en toen begon hij te dalen. Hij hield bijna de hele weg terug het gas dicht, en maar af en toe draaide hij het open om de motor warm te houden. En de hele tijd haalde hij capriolen uit, niet één ervan van tevoren uitgedacht, alles heel spontaan. Terwijl hij op zijn kop vloog zag hij hoe de auto's in het dal beneden hun lichten aan deden. *Cloud nine* boven hem was aan het vervagen, hijzelf vloog nog in de zon, tot de toppen van de Vogezen ook hem in duisternis hulden.

Hij voelte de kilte, vooral aan zijn kont. Uiteindelijk was de romp van het vliegtuig niet al te dikwandig en de toenemende snelheid waarmee hij daalde zorgde voor een extra daling van de temperatuur. Het koude zweet. Hij kende het verschijnsel dat de beperkte verwarming van het toestel de toenemende kou niet aankon. Zijn kont was het enige deel van zijn lichaam waar hij de bloedsomloop niet kon stimuleren. Maar nu had een andere vorm van opwinding hem in haar greep. Aardser, meer als heer en meester van zijn toestel. Niet de unieke eenheid die hij van tevoren had gevoeld. Niet met zijn ziel vliegen, zoals daarvoor. Maar met de achterkant van zijn broek. Lichamelijk. Met zijn achterste, hoe koud het ook was.

Hij joeg door het in schemer gehulde dal. Hij zag steeds meer auto's met ontstoken lichten en in sommige plaatsen ging de straatverlichting al aan. Hij voelde zich nu verheven. Hij was onzichtbaar. Hij was macho, hij was echt iemand, hij was de baas van zijn eigen kleine universum, hij was alles en overal en hij wist, hij wist gewoon dat iedereen die hem daar beneden zo terug zag vliegen zou weten wie hij was en uit zou roepen: 'Dat daar moet Icarus zelf zijn!'

Het vliegveld Polygone was al in duister gehuld, hoewel de

heldere lucht ervoor zorgde dat hij de landingsbaan duidelijk kon onderscheiden. Daar stond de verkeerstoren, onverlicht. Geen verlichting langs de baan, dat had het Polygone niet. Het restaurant verspreidde wat licht. Maar de hangar, waarvan de deuren openstonden, straalde een gele, warme en troostende gloed uit. Daarbinnen stonden vliegtuigen, eromheen zag hij menselijke figuurtjes. Hij zette rechtstreeks koers naar de hangar, als een mot die op fatale wijze wordt aangetrokken door een lichtbron. Daar was het leven, daar hoorde hij thuis. Hij vloog laag in de richting van het gebouw, steeds lager kwam hij.

Even dacht hij zelfs dat hij met de wielen de grond kon raken. Als hij wilde kon hij zo de hangar, zo thuis binnenvliegen. Het volmaakte sluitstuk van iets wat nog nooit iemand eerder had ervaren. *Cloud nine.* Niemand zou echt naar hem luisteren, zou oprecht nieuwsgierig zijn. Dus waarom niet? En toen, op het allerlaatste moment, niet zozeer vanwege de drang om te blijven leven maar veeleer om zijn bedrevenheid te laten zien, op het allerlaatste moment vlak voor het gapende gat weer vol gas de hoogte in, terwijl het geronk van zijn machine tegen de golfplaten van het dak weerkaatste, richting hemel, met een laatste blik op zijn wolk die op het punt stond te verdwijnen.

Een ontlading van diepe bevrediging. Weer een geboorte, maar van een andere soort. Aardser, menselijker zelfs. In het duister was zijn manoeuvre vlekkeloos. Hij landde niet echt. Hij kuste het gras van de landingsbaan en vervolgens streek hij rustig, heel rustig neer voor een langgerekte landing, waarna hij terugtaxiede naar de warme schoot van de hangar.

De volgende dag bevond hij zich opnieuw in het verstikkende web van de opbouw van een nieuw Europa, een nieuwe Wereld, zonder dat er nog steeds een echt onderwerp op de agenda stond. De afgevaardigden kakelden hun instructies zonder overtuiging, de tolken draaiden verveeld hun verhaal af en waren met hun gedachten bij leukere dingen. Hij voelde zich niet goed. Hij had slecht geslapen. Opgewonden, enthousiast als hij was geweest toen hij thuiskwam, had hij zich een hartversterkertje gegund in de vorm van een goed glas whisky. Daarmee waren alle ervaringen en emoties van daarvoor zomaar weggevaagd. Hij bleef zijn dorst lessen en voelde de behoefte aan een warm bad, waarna hij tevreden, gelukkig en geheel voldaan naar bed ging.

Maar 's nachts begon zijn achterste op te spelen. Hij kon wrijven wat hij wilde, hij wilde niet meer op temperatuur komen. Steeds weer werd hij wakker en probeerde het te verhelpen. Toen hij uiteindelijk 's morgens uitgeput wakker werd, met nog een vage herinnering aan zijn genoeglijke ervaring, ging hij met zijn achterste onder de hete douche. Het betekende een tijdelijke verlichting. Nog steeds werd hij geplaagd door koud zweet. Tegen de tijd dat hij zijn stoel bij de Raad weer had ingenomen, was hij totaal rusteloos. Hetgeen niet onopgemerkt bleef voor, in elk geval, de secretaris.

'Hoe was het gisteren?' zei hij met een veelbetekenende blik naar de boxen van de tolken. 'Was het wat met *cloud nine*?'

Hij begreep dat de secretaris het totaal bij het verkeerde eind had. Dit was niet meer een kwestie van verkeerd begrijpen. Voor deze waardige dienaar van de Raad was zijn verwilderde blik het duidelijke bewijs van een prettig doorgebrachte nacht. Op een enorme wulpse *cloud nine*. Hij zag in dat elk weerwoord van zijn kant volstrekt zinloos zou zijn, zo niet contraproductief. Het was maar beter dat hij zich liet meevoeren op de stroom van de fantasie.

'Meer dan dat, het was ronduit geweldig.' Met een rollende beweging liet hij zijn hand over zijn bureau gaan, en beroerde zonder het te merken het knopje van de microfoon waardoor hij in verbinding kwam te staan met de andere afgevaardigden en de hokjes van de tolken. 'Ik liet haar alle hoeken zien, ik stond in vuur en vlam, hoewel het koude zweet me was uitgebroken.' 'Koude zweet? Hoezo, was de deken van jullie af gegleden?' Inmiddels zat al een van de tolken van achter haar glazen scherm zeer geboeid in hun richting te kijken.

'Nou,' zei hij, terwijl hij het gevoel had dat erover praten zijn ongemak alleen maar zou vergroten, 'zo zou ik het niet willen zeggen. Op sommige plekken is mijn lichaam nog koud, en wel mijn achterste. Als je het dan echt wilt weten, *cloud nine* bezorgde me een lekker kouwe kont, waar ik nu voor ga zorgen. Thuis, alleen, in mijn bad.'

Toen hij het lichtje op zijn microfoon zag en het effect dat zijn woorden op de verschillende delegaties had, wist hij niet meer waar hij het zoeken moest. Onbegrip, gegrinnik, verbijstering en sommigen die geen idee hadden wat er gaande was. Opschudding, vooral in de hokjes van de tolken. Elke toelichting zou alles alleen maar erger maken. Niemand zou het begrijpen. Een *no-win*-situatie. Hij richtte zich tot de Raad en zei: 'De Raadssecretaris zal het uitleggen. Mag ik de vicevoorzitter vragen om het over te nemen?' Waarna hij de plaat poetste.

In een van de boxen vroeg een tamelijk knappe tolk aan haar collega's: 'Weten jullie misschien waar Caouconte in Frankrijk ligt?'

Vier mijlen

Inmiddels vloog hij in de Belfortkloof in noordoostelijke richting en hoewel het daglicht nog niet helemaal verdwenen was, begon het wel donker te worden. Hij was vastbesloten. Er was geen weg terug. Er was geen ontkomen aan. Hij had het al over zichzelf afgeroepen door met ruim een halfuur vertraging uit Zuid-Frankrijk te vertrekken. Hij had tijd verloren met het zoeken naar de tankinstallatie, het weerbericht opvragen en het invullen van zijn vluchtplan.

Allemaal dingen die hij eerder had kunnen – en moeten – doen. Hij was op weg naar Straatsburg in het Rijndal. Hij begon met een noordelijke koers in de richting van de Rhône, vloog langs Lyon, boog rechts af door de Belfortkloof en zou vervolgens weer in noordelijke richting vliegen naar zijn uiteindelijke bestemming, Straatsburg in het Rijndal. Tegen de tijd dat hij over het Rhônedal in de richting van Lyon vloog, merkte hij dat de mistral, waarover was aangekondigd dat hij zou gaan liggen, nauwelijks afnam. De 110 knopen waartoe zijn toestel in staat was, waren teruggebracht tot een grondsnelheid van zo'n 75 nautische mijlen per uur. Wat inhield dat de hoeveelheid beschikbaar daglicht onverbiddelijk werd opgesoupeerd. En het hield ook in dat hij een front tegemoetging dat uit Duitsland afkomstig was, ook al was daarvan gezegd dat het pas later in de nacht boven het Rijndal zou arriveren.

Hij had naar Lyon moeten uitwijken. Hij was zich steeds sterker van die nalatigheid bewust, maar zijn radio was raar gaan doen. Zijn eerste contact met Lyon werd steeds moeizamer, vanwege verwarrende Engels-Franse zinnen, terwijl de ontvangst en het zenden van zijn apparatuur steeds meer te wensen overlieten. Hij had een heleboel tijd verloren met rondvliegen boven Lyon, waarna zijn radio er uiteindelijk helemaal mee was opgehouden. Verderop pakten de wolken zich samen en hij slaagde erin om op 6.000 voet te blijven om noordoostelijk richting de Belfortkloof te gaan. De mistral was nu verdwenen, maar het wolkendek was lager komen te hangen en veroorzaakte dat nare gevoel in zijn maag.

Als hij maar op deze hoogte kon blijven, dan voelde hij zich veilig. Wanneer hij lager zou gaan vliegen, zou hij de bergen van de Jura rechts van hem en het zuidelijke gedeelte van de Vogezen links hebben liggen. Hij voelde zich duidelijk niet prettig door het afnemende licht, maar hij dacht dat hij tegen de tijd dat de volle maan was opgekomen Straatsburg wel zou kunnen bereiken. Hij besloot op z'n oorspronkelijke hoogte van 6.000 voet te blijven en vloog het wolkendek binnen, waarbij hij zijn toestel horizontaal probeerde te houden en rechtuit te blijven vliegen. In elk geval werkte de verlichting van zijn instrumentarium goed. Dat had hij gecontroleerd toen zijn radio dienst weigerde. Maar toen begon zijn motor een raspend geluid te maken en hij merkte – ook al bevond hij zich in de wolken en begon het daglicht zwakker te worden – dat het zicht door zijn voorruit minder werd. Hij probeerde de gedachte te verdringen, maar het hielp niet: er vormde zich ijs, daar bestond geen twijfel over. Het had geen zin om te proberen verder te stijgen, dan zou hij nog dichter door wolken omringd zijn. Dus dalen. Nu. Meteen.

De eerste paniek stak de kop op. Hij dwong zich om zich te concentreren op de tijd en de vlucht. Hij was het probleem van het ijs weliswaar kwijtgeraakt, maar tegelijkertijd realiseerde hij zich dat hij aan beide zijden bergen had. De Belfortvallei. Hij durfde niet te laag te gaan vliegen, zoals hij ook niet terug durfde te gaan. Terug waarnaartoe? Moest hij een bocht naar

rechts of naar links maken? In welk geval zou hij de bergen ontlopen? Zijn meest prangende probleem was niet zozeer dat hij in een wolk vloog, het echte probleem waren al die rotsen in die wolken. Hij had een hartgrondige hekel aan blind vliegen. Het boezemde hem angst in. In het verleden had hij altijd fouten gemaakt. Meer dan een paar tellen kon hij de snelheid of de hoogte niet constant houden. Voortdurend moest hij corrigeren. Hij moest zichzelf nog steeds dwingen om geen acht te slaan op de lichamelijke effecten. Hij moest zichzelf dwingen om de Gouden Regel van het vliegen op instrumenten hardop uit te spreken: 'Op je gevoel door de wolken vliegen, is dodelijk.'
Instrumenten, daar gaat het om, die hebben het altijd bij het rechte eind.

Hij had nooit gehouden van vliegen op instrumenten. Het echte werk, dat wilde hij. Hij had niets tegen de Link Trainer, noch tegen die simulatoren van tegenwoordig of zelfs onder de kap vliegen, met een instructeur aan boord. Maar het echte werk, het ware, zoals het opschrift van het logboek wilde, daar had hij een hartgrondige hekel aan. Hij haatte het zelfs. Het bezorgde hem angst en paniek. Al sinds die eerste keer op de vliegschool, toen hij met een Tiger Moth-tweedekker voorzien van maar een paar instrumenten opzettelijk maar zonder toestemming een wolk was binnengevlogen – erger nog, bijna zonder ervaring met blind vliegen. Het was een klassieke fout en wanneer er niet zoveel heldere lucht onder de wolk was geweest, had die tot een even klassieke zelfdestructie geleid.

Hij was, zoals zovelen voor hem en ongetwijfeld tot op de dag van vandaag ook na hem, de wolk binnengevlogen om een aantal klimmende bochten te maken om uiteindelijk triomfantelijk boven weer tevoorschijn te komen. In plaats daarvan kwam hij – zoals zoveel onervaren beginnelingen voor en na hem – langzamerhand terecht in wat eufemistisch een omgekeerde neerwaartse spiraal wordt genoemd. Toen hij ten slotte zag hoe zijn hoogtemeter enthousiast kelderde, kwam het nog steeds niet bij hem op dat hij zelf ook naar beneden ging, en niet naar boven. Hij was niet eens volslagen van de kaart toen hij uit de wolk brak en boven hem de grond zag in plaats van de blauwe lucht. Alleen maar verbijsterd. Later kleurde hij bij het besef hoe lang het had geduurd voordat hij uiteindelijk uit die omgekeerde neerwaartse dans had weten te geraken om weer op hoogte en op koers te komen. Met een bonzend hart. Nooit, zei hij tegen zichzelf, nooit meer zou hij zoiets beangstigends, zoiets stoms doen. En vervolgens dat hij het nooit, maar dan ook nooit tegen iemand zou zeggen.

Hij begon lager te vliegen. Hij had het gevoel dat hij in elk geval iets moest proberen te zien. Alleen een glimp zou hem al een beetje op zijn gemak stellen. Daar was hij, de aarde. Er was nog een beetje ruimte onder de wolk, maar het zicht was niet best. Het was donker geworden en de paar lichten die hij ontwaarde vertelden hem niets over zijn exacte positie. In elk geval bevond hij zich nog in de Belfortkloof. Rechts in de verte, waar de aarde en de wolk in elkaar overgingen, verdwenen de lichten van de autoweg. Hij vloog over een helverlichte kerk met een kerkhof. Er was zelfs een open graf, dank u zeer. Het viel hem op hoe rommelig die laatste rustplaatsen waren, in tegenstelling tot de zorg waarmee de ontzielden waarschijnlijk gereed waren gemaakt voor hun laatste reis.

Niet te vergelijken en in schril contrast met de strakke lijnen van de aangrenzende oorlogsbegraafplaats. Daar was de voorbereiding van de bewoners op hun onverwachte laatste reis op z'n zachtst gezegd slordig geweest. De Belfortkloof was getuige geweest van heel wat bloederige conflicten. Zelfs aan het einde van de laatste oorlog, toen Franse troepen, nadat ze in het zuiden van Frankrijk aan land waren gegaan en via het Rhônedal waar hij zojuist overheen was gevlogen, door de Belfortkloof waren opgerukt om uiteindelijk hun geliefde Elzas en de hoofdstad Straatsburg te bevrijden en weer op te eisen. Hij trad als het ware in hun voetsporen. Maar dat was van geen enkel belang voor zijn huidige situatie. Hij verdreef die gedachten. Alles in de hand houden en zich concentreren op wat hij moest doen.

De oorlogsbegraafplaats maakte hem duidelijk dat hij heel dicht in de buurt van Belfort moest zijn. Nog maar enkele tientallen kilometers op deze koers en hij zou de kloof veilig achter zich hebben gelaten en zich boven het Rijndal bevinden. Als je op een gegeven moment uit de kloof bent en boven de Rijnvlakte ten noorden van Bazel, dan zou je in noordelijke richting moeten afbuigen om naar Straatsburg te gaan. Op dat punt zou je noordelijk móéten gaan. Níét rechtdoor vliegen – dan zouden de bergen van het Zwarte Woud hem opwachten. Het punt was om precies op het goede moment een noordelijke koers te kiezen.

Hoewel het plotselinge verschijnen van de maan hem af en toe hoop gaf, werd zijn zicht minder. Af en toe had hij zelfs helemaal geen zicht. Houd je oostelijke koers vast. Maar hoe ver? Met de militaire begraafplaats van Belfort als enige referentiepunt zou hij wanneer hij zich eenmaal boven het Rijndal bevond op basis van tijd en afstand moeten inschatten wanneer hij naar het noorden moest afbuigen. En altijd had hij problemen met hoofdrekenen wanneer hij in een vliegtuig zat. Terwijl hij zich bewust was van de aanwezigheid van de bergen van het Zwarte Woud herhaalde hij zijn berekeningen keer op keer. Hardop.

Die zelfopgelegde discipline had een vreemde uitwerking op hem. Zijn daden, zijn gedachten, zijn gevoelens waren gelaagd geworden. Bovendien stuurde zijn fysieke bewustzijn hem in die angstaanjagende warboel automatisch door de vereiste procedures van het vliegen en navigeren. En dan was er nog de laag die herinneringen aan ervaringen uit het verleden bevatte, vermengd met gevoelens van angst en paniek van vroeger. En helemaal aan de basis de knagende kwestie van het overleven. Zou hij het dit keer redden?

Hij werd melodramatisch en sentimenteel toen zijn gedachten zich eenmaal in gang hadden gezet. Hij dacht aan wat anderen in slecht, donker weer als dit was overkomen. Zoals Theo en zijn vleugelman die tijdens een tropische storm een eeuwigheid geleden tegen elkaar vlogen. Twee P-51's die ineengestrengeld naar beneden kwamen. En vreemd genoeg besefte hij dat ze eerst in stukken moesten zijn gevallen voor hij ze zich kon herinneren. Letterlijk. In de jungle van Sumatra. Theo was daar nog steeds, ondersteboven in zijn P-51. Ze konden hem er niet uit krijgen.

'Red Two en Three, binnenkomen graag.' Maar goed dat ze dat deden. Later tijdens zijn actieve dienst, toen hij waarschijnlijk al bedreven genoeg was in blind vliegen, was hij letterlijk ziek geworden nadat hij was geland in het oog van een fikse storm waar hij net onderlangs was gevlogen, met stortregens en een turbulent wolkendek zo ongeveer ter hoogte van de grond. Hij had het zweet op zijn voorhoofd staan. De Red-sectie van drie Spitfires was op een formatieoefening in het gebied. Ze namen steeds de leiding van elkaar over en hadden niet gemerkt dat ze door een stevige wind die een onverwachte frontale storm voorafging een flink eind buiten het oefengebied waren geraakt.

Toen het zijn beurt was om de leiding over te nemen om de oefening te beëindigen en de Red-sectie weer veilig terug te brengen, merkte hij dat hij totaal verdwaald was. Toen hij onder de wolk uit kwam, bleek hij volledig buiten het gebied te zijn geraakt. Hij moest iets verzinnen ter verklaring van zijn verzoek om weer terugbegeleid te worden. Er hing een wolkendek in de richting waarin hij de Red-sectie moest leiden. Zijn twee kompanen bleven keurig in de buurt, blijkbaar onkundig van zijn groeiende paniek. Ze leken geheel en al op hun gemak en de situatie meester. Gijs, Red Two aan zijn rechterhand, toonde hem zelfs de middelvinger toen hij liet weten een poging te doen hen onder de wolken te leiden. 'Ga je gang, Red-leider, maar onthoud: "De beste mensen kunnen hun lot niet opschorten. De goeden sterven vroeg, de slechten sterven laat." Dat heb ik niet gezegd, die is van Daniel Defoe.'

Reken maar dat Gijs op de proppen kwam met zo ongeveer

de enige uitspraak die hij uit z'n hoofd kende en die hij elke keer debiteerde wanneer hij de behoefte voelde om uiting te geven aan zijn – niet-bestaande – kennis van de klassieke literatuur. Maar toch is het een fantastische kerel.

In een opwelling om de spookverschijningen en geesten uit zijn hoofd te verjagen door zichzelf te vertellen dat dit heel goed zijn laatste vlucht zou kunnen zijn, wilde hij maar al te graag accepteren dat hij een slecht mens was. Heel erg slecht. Verrot tot op het bot zelfs. En dat dat ook gold voor zijn Number Two en Number Three, mocht dat helpen. Maar ook dat kleine beetje troost was snel vervluchtigd.

En zo kwam het dat zijn eigen kleine nachtmerrie begon. Toen zijn gedachten werden overschaduwd door enkele donderwolken, kwam zijn post-factopaniek van de Tiger Moth weer terug. Hou haar recht. Probeer geen bochten te maken. Red Two en Three nog steeds zichtbaar in de flarden van wolken, terwijl ze dichter bij elkaar gingen vliegen voor een beter zicht. Toen hij de wolk weer uit was, bleef hij dalen. Hij ging niet door de wolken vliegen op weg naar zijn bestemming, zeker niet bij zulke lastige weersomstandigheden. Botsingen in de lucht, daar zit niemand op te wachten.

Het op koers en de goede hoogte blijven ging nu, in de wolken, automatisch. Maar hij was nog niet in staat om die andere gedachtelaag en gevoelens die zijn 'vliegdenken' verwarden te onderdrukken. Blijf de tijd in de gaten houden voor de bocht naar het noorden. Maar zijn gedachten dwaalden af en een melodramatisch gevoel kreeg hem in zijn greep. Ja, Theo lag nog steeds niet op die andere oorlogsbegraafplaats, ver van die waar hij bij Belfort langs was gevlogen. De anderen lagen er al wel, keurig op een rij. Al die Toms, Dicks en Harry's. Het maakte niet veel uit wat hun was overkomen.

Theo en Gerry gingen naar beneden in hun P-51's, een van de anderen vloog een meedogenloze palm in, of werd neergehaald door afweergeschut of kwam gewoon naar beneden of wat hun of ons ook maar kon overkomen. Nee, ons niet natuurlijk. We zijn er nog. Maar dat is nu allemaal niet meer belangrijk. Wat belangrijk is – of liever: was – is wat ze toen *waren*. Wat ze voor zichzelf waren en betekenden. Wat ze van en voor zichzelf zouden hebben herinnerd. Hun kruizen staan er netjes bij, en op een rij. Daaronder gaat de laatste geestelijke en lichamelijke kwelling schuil waarmee hun levens werden weggevaagd. Een chaotisch moment bovendien, zonder welke die keurige militaire begraafplaatsen er niet zouden zijn.

Herinneren, peinsde hij, zit helemaal tussen de oren. De oren

van de levenden. Maar de werkelijkheid is nauwelijks objectief. De mens herinnert zich alleen vanaf zijn eigen kleine plekje in de tijd en de ruimte. Nogal subjectief. De mens herinnert zich wat de computer die hersenen heet wenst op te hoesten. Dat programma veroudert met de tijd en uiteindelijk geeft het borrelend de geest. Of wordt opeens met grof geweld weggevaagd. En dan is er geen herinneren meer. Dat wil zeggen, geen zelfherinnering meer. Weg, afgelopen, niet eens het duister.

Duister is de afwezigheid van iets. Dat wissen van bestanden in de computer tussen de oren brengt het niets voort. Niet eens de afwezigheid van iets. Daarom blijft het zonder enig logisch-objectief gevolg voor anderen, voor iemands voorvaderen of nakomelingen. Laat staan voor de wereld als geheel.

Dus waarom al die ophef over Herinneren? De 'er zijn voor de genade Gods'-factor? Het freudiaanse 'Ik ben eeuwig', het feit dat ik leef bewijst het, dus Herinneren is alleen maar om je eeuwigheid te onderstrepen? Het spijt me voor hen, zo jong, zo gekweld, zo bang – maar dat niet meer? Zou het je ook voor hen gespeten hebben als ze zich, wanneer ze waren blijven leven, hadden ontpopt tot – zoals in de meeste gevallen het meest waarschijnlijke was geweest – saaineuzen, of nurkse mannen die hun vrouw sloegen, om maar iets te noemen, of iets daartussenin? Hoe kan een computer-tussen-je-oren op objectieve wijze de inhoud van andere computers herinneren op het moment dat die andere geheugenbestanden zouden worden gewist en dientengevolge hun relevantie hadden verloren?

Maar er moest meer zijn. Misschien is herinneren een fenomeen waarbij je geheugen bij het horen van een naam, bij het zien van een bepaald landschap of door de plotselinge geur van een cockpit geprikkeld wordt. Maar het enige dat geprikkeld wordt is je geheugenarchief, dat werd opgezet door een programma dat toen nog jong en pril was, met onvolwassen parameters en verstoken van ervaring. Deze oerarchieven, die jarenlang weggestopt zijn geweest en ongebruikt zijn gebleven, zouden bij activering hortend en stotend functioneren in de huidige structuur van je computer, met al de nieuwe ervaringen en upgrading die die de afgelopen jaren heeft gehad. En er is geen interface voorhanden die de onechte en oppervlakkige data kan omzetten die de gebruiker van de computer nu, op latere leeftijd, kan begrijpen.

Als dat alles zou zijn, dan was er geen probleem. Wat je leest zijn de onschuldige onevenredigheden, obsceniteiten zelfs, van dat verleden, gezien door de ogen en met het hart van nu. De jeugdige opwinding en onervarenheid vagen niet meer, zoals indertijd, de onderliggende realiteit weg, die helemaal niet romantisch was en maar al te vaak onrechtvaardig en wreed, een realiteit van voorvallen van toen.

En dat is waar herinneren, met het voorafgaande noodzakelijke in stukken vallen van de spelers, betekenis krijgt. De boodschap om al die domheid te vermijden die de hele geschiedenis van de mensheid door heeft geleid tot in stukken vallen, wat op zijn beurt weer heeft geleid tot gedenken. 11 November. Herdenkingsdag, de Vlaamse slagvelden, en al die andere slagvelden, meren, zeeën, bergen, rotsen die zo huishouden in al die ongerepte nieuwe en glimmende 'computers' en hun harddisk laten crashen. Hij begon sentimenteel te worden.

Hij moest de anderen dus lager en lager leiden. Zij, die hem onbekommerd aankeken, de een door zijn vliegbril, de ander zonder, misschien zelfs wel tevreden en op hun gemak, terwijl ze het geluk proefden van een hechte formatie en van heel dichtbij alle details zagen van een prachtig toestel in volle vlucht. De uitlaatgassen die de patronen van de luchtstromingen volgden en klinknagels waaruit om geheimzinnige technische redenen minuscule sliertjes olie kwamen. De bewegingen van het hoofd van de piloot, het op een neer schokken van de toestellen in de toenemende turbulentie, het landschap, dat nu dichterbij was en dat achter het toestel waarmee je in formatie vloog langsflitste. En die drie motoren, in totaal zesendertig enorme cilinders die deden wat ze opgedragen kregen. Op intelligente wijze leken ze hun meesters te beloven hen te brengen waar ze heen wilden.

Maar niet zo intelligent dat ze konden delen in zijn angst voor bergen, laat staan dat ze hem konden zeggen wat hij moest doen. Hij zou zijn motor, noch zijn toestel laten merken dat de wolken boven hem steeds lager kwamen, dat ze regen meevoerden en turbulentie. En, het allerergste, heel slecht zicht. Dat hij niet van blind vliegen hield, dat hij bang was. Maar als hij die zorgen had uitgesproken tegen de romp en tegen de motor, dan zou hij alleen maar dat ene triviale antwoord hebben gekregen: elk van de drie, motor, vliegtuig en piloot, had zijn eigen welomschreven unieke verantwoordelijkheid en mandaten. Dus hou je mond en vlieg en breng ons weer terug, zouden de andere twee van dat drietal hem hebben gezegd.

De aarde kwam nu dichtbij. Hij volgde een treinspoor dat hem vaag bekend voorkwam en dat in een rechte lijn over een heuvel ging. Hij putte een weinig troost uit de gedachte dat het spoor in de richting ging van hun thuisbasis, ongeveer 80 kilometer verder. Terwijl hij laag – te laag trouwens – over een treinstation vloog, ving hij een glimp op van een trein die vaart minderde, onheilspellend genoeg met zijn lichten aan. Hij kwam uit de richting waar zij heen vlogen. En inderdaad was het in de verte donker. Vieze, gore donkergrijze natheid.

Maar het ergste, daagde het besef in hem, was hun snelheid. Een hoge snelheid betekende een harde klap. Zelfs een lagere snelheid – maar nog wel een vliegsnelheid – zou van een klap nog steeds een rommelige en fatale aangelegenheid maken. Hij analyseerde zijn situatie en heel even was hij opgelucht dat hij een oplossing voor zijn nachtmerrie had gevonden. Hij ontleedde alle elementen die voorhanden waren en kwam tot de conclusie dat het probleem niets anders behelsde dan de snelheid van de Red-sectie terug te brengen tot die van de trein. Als dat mogelijk zou zijn, dan konden ze allemaal aan dit lastige parket ontkomen. Zo verdomde simpel, zo simpel dat hij hardop moest lachen.

Opeens werd hij gegrepen door blinde paniek. Geen kans dat ze snelheid konden minderen, natuurlijk. Het zou de formatie maar rommelig maken En daarna, wat dan? Buiklanding op de heuvel in deze duisternis? Niet bang zijn, gewoon goed vasthouden en bidden. Zijn kameraden vlogen nog steeds naast hem, Gijs schudde ongelovig zijn hoofd.

'Die trein had geen restauratiewagen.' Hij probeerde flink te klinken.

'Dus je had je ogen toch niet dicht. Godzijdank, dat zou wel erg slecht zijn geweest voor een leider.' Dat was Gijs weer.

'Maak je geen zorgen, Red Two, we gaan recht vooruit,' hoorde hij zichzelf in de verte antwoorden. En hij voegde er zwakjes aan toe: 'Of waar dan ook heen.' Hij had de situatie nauwelijks in de hand, nauwelijks een boodschap die conform de correcte procedures voor radiocommunicatie was. Gijs schudde zijn hoofd opnieuw. 'Maak jíj je maar geen zorgen, Red Leader, denk aan Defoe, "de slechten sterven laat".'

Maar bofkont dat-ie is, Gijs. Hij, Gijs, keek voortdurend naar hem, in het leidende vliegtuig; hij moest in zijn richting blijven kijken als hij in formatie wilde blijven en niet verloren wilde gaan in de duisternis waar ze nu in- en uitgleden. Hij moest, kon niet vooruit kijken en deed dat ook niet, zoals hijzelf, Red Leader, wel moest. Het staren door de gevlekte schijf van de propeller daar voor op die lange neus, had al het zicht naar beneden uitgewist. Gijs merkte de kerktoren in de verte niet eens. Hij zag hem alleen maar langsflitsen toen de formatie eroverheen joeg. Een formatie die werd geleid door iemand die slechts in de verte iets had van iemand die zijn kist helemaal onder controle had en de slagvaardige leider van een formatie was. Welke leider? Hoezo leider? Konden Number Two en Three niet opdonderen, in hun eentje? En de angst en paniek voelen die zich meester van hem had gemaakt?

Hij kon zich het terrein waar hij overheen vloog voorstellen, nog altijd in duister gehuld door een wolk die steeds meer turbulentie vertoonde. Was het front dat boven Duitsland was

voorspeld ineens westwaarts getrokken? Zoals in het verleden de Romeinen, Goten en Hunnen over de Europese doorgangsroutes waren getrokken, Belfort, het Rijndal, de Donau, de Alpenpassen. Gevolgd door hun bestuurders, Europese volkeren die elkaar macht en rijkdom betwisten. Godsdiensten en hun goedgeoliede apparaten. Als je naar beneden keek zou je, onder meer ontspannen omstandigheden, de geschiedenis tevoorschijn zien sijpelen uit het landschap.

Maar de geschiedenis bestaat volledig uit mensen. De marcherende voeten behoorden toe aan mensen, wier wringende, dirigerende, zalvende en brandende handen toebehoorden aan mensen. Mensen zoals wij. Die stukjes herinnering doorgaven aan anderen om in herinnering te houden. Die herinneringen uit de archieven van hun eigen computer-tussen-de-oren doorgaven aan die van ons. Door middel van boeken, lessen, folklore, en dat alles maar al te vaak vervormd. Zodat het in onze eigen geheugenarchieven kon worden opgeslagen. Met de verborgen boodschap en opdracht om die geestelijke bagage door te geven. Maar als hun computers al die informatie, al die bits en bytes niet hadden overgedragen aan onze computers-tussen-de-oren, wat dan? Zou de wereld er dan echt beter aan toe zijn?

Zeer waarschijnlijk niet. Onze eigen computer-tussen-de-oren zou zeker dezelfde schadelijke progamma's uitdenken en voortbrengen om door te geven aan een volgende generatie computers. Enzovoort enzovoort. Maar waar is dan de ziel, de collectieve geest? Is het echt mogelijk dat niets onvergankelijk is, dat er niets tijdloos is, niets echt en liefdevol? Hij wist door zijn achtergrond en opvoeding dat dit allemaal existentiële sofisterij was. Maar hij kon geen enkele geestelijke kracht vinden om de neerwaartse spiraal van zijn gedachten een halt toe te roepen.

'Red Two en Three, als de formatie uiteenvalt, ga dan hoger vliegen en koers op huis aan op de vliegveldfrequentie. Ze weten dat we er aankomen en zullen je binnenloodsen.' Hadden ze de onnatuurlijk hoge toon van zijn stem opgemerkt? Zo ja, jammer dan, maar misschien zou het een aansporing zijn om hun lot in eigen hand te nemen in plaats van dat domme vertrouwen waarmee ze liefdevol naar het toestel van de leider staarden. Ze moesten dus dat verschrikkelijke wolkendek daarboven ingaan en het verder zelf maar uitzoeken. Maar nee, het leek wel of ze nog dichter naar hem toe kropen terwijl ze op een neer bonkten in de steeds heviger wordende maalstroom van lucht en water.

En toen gebeurde het opeens. Een hevige stoot en zijn beide kameraden verdwenen naar boven, en in de richting van de smeerzooi die hij probeerde te vermijden. Hij schakelde over op de frequentie van de verkeerstoren en hoorde hoe Two en Three rustig noodbegeleiding naar het vliegveld vroegen, waarbij ze kalm kennisnamen van de hun doorgegeven vectoren, uitermate kalm zelfs. Maar hij niet. Bevrijd van de drukkende aanwezigheid van de anderen liet hij zichzelf plotseling gaan, slingerend, waarbij hij de richting verloor en in de lage wolken verdween. Hij probeerde te begrijpen wat zijn instrumenten vertelden en stelde zich voor dat hij op en neer ging en vervolgens op z'n kop. God, wat had hij een hekel aan blind vliegen. Maar de motor draaide nog soepeltjes en het toestel gedroeg zich zoals altijd. Dus de derde van het stel moest zijn weg zien te vinden. De enige hoop was contact leggen met iemand. 'Red Leader voor de verkeerstoren. Waar bevind ik me?' Niet erg Red Leader meer. 'Ik ben alleen, vraag begeleiding terug.' Niet echt communicatiejargon. Alleen maar een hoge, angstige stem. De verkeerstoren leek het niet eens op te merken.

'Hou deze koers aan, je bent nog vier mijl verwijderd, in het verlengde van de startbaan, je kunt zo gaan landen.' Ook geen jargon, maar geruststellend. Vier mijl maar. Hij vloog nog steeds in de wolken en vroeg zich af wanneer hij die paar honderd voet moest gaan dalen die hij nog te gaan had in die natte troep. Maar kwam het wolkendek intussen niet tot de grond? 'Verkeerstoren, wat is het zicht daar?' 'Geen probleem, Red Leader, we zitten momenteel volop in de zon.' Dat moest humor zijn. Hoe kon er ergens in de buurt van de meteorologische vuiligheid die hij te verduren had sprake zijn van volop zon? Ik vermoord ze als ze liegen. Als hij al niet eerder de pijp uit was gegaan, wat natuurlijk onvermijdelijk was. 'Verkeerstoren, ik begin nu te dalen en ik mag hopen dat de landingsbaan er ook ligt.'

Hij had de zin nog maar net uitgesproken, of de explosie van licht raakte zijn ogen vol. Daar was het vliegveld, badend in het zonlicht, met recht voor zich de landingsbaan waarop twee Spitfires wegtaxieden. Er gebeurden dus wel wonderen. Vier mijl, vier mijl. Terwijl de emoties hem bevingen zei hij verward tegen wie ook maar wilde luisteren: 'Bedankt, bedankt.' Hij landde met de kap open en hij taxiede over de landingsbaan, en op datzelfde moment blies er een vlaag wind door de cockpit en werd de wereld weer donker. Ziek als een hond taxiede hij naar de opstelplaats van het squadron. Hij sprong uit z'n toestel en rende zo snel mogelijk naar de achterkant ervan om zich te legen. Gijs wachtte hem op. 'Mijn god, je ziet er verschrikkelijk uit. Maar hoe heb je het voor elkaar gekregen dat we precies in het oog van de storm konden landen? Maar maak je geen zorgen, "de slechten sterven laat". Nietwaar?'

Zijn tollende gedachten hielden hem in de greep. Hij was overvallen door dat klotige, onaangekondigde weer, en daar had hij alleen zelf schuld aan. Zoals lang geleden in de Tiger Moth, en later bij het verkloten van de Red Section. Hij moest nu naar het noorden afbuigen. Het front kwam van rechts over en langs hem heen en hij verlegde zijn koers ietwat naar rechts als om de daaropvolgende afwijking goed te maken. Maar wat had het voor zin? Zijn bestemming lag ergens noordelijk, op zo'n tien à vijftien minuten afstand. Wat een veel te belangrijke foutmarge inhield als hij onder uit de wolk tevoorschijn wilde komen om zijn beoogde landingsplaats in het donker te lokaliseren. Elke kleine onnauwkeurigheid zou een crash betekenen. Bomen, heuvels, gebouwen, hoogspanningskabels. In stukken uiteen. Om later mogelijk herinnerd te worden. Door anderen, dit keer.

Waren de wolken een beetje minder dicht aan het worden, of leek het maar zo? De buitentemperatuur ging omlaag, maar geen ijsaanslag. Verandering in de luchtsamenstelling. Misschien. Waar zit je in 's hemelsnaam? De radio nog stil. Ook in stukken uiteengevallen, ha ha. Net zoals hijzelf ook heel, heel binnenkort. Opeens, op het hoogtepunt van zijn droefheid en aan het begin van die laatste uitbarsting van ultieme paniek, verlichtte een straal maanlicht een witte vlek. De vlek van witte kruizen op een Franse oorlogsbegraafplaats waarvan hij wist dat hij op precies vier mijl van zijn bestemming lag. Witte kruizen die de chaos daaronder netjes afdekten, de gewiste databanken-tussende-oren verhulden, de uiteengevallenen die hun herinneringen met niemand meer konden delen en dus waarschijnlijk geen enkele continuïteit, rol of functie meer hadden in het heden. Maar dit keer was er een onmiskenbare boodschap. Val uiteen, herinner. En dit keer leek het ergens op te slaan. *Merci les copains.* De slechten gaan toch later dood? Over vier mijl zou hij in het maanlicht landen. Helemaal heel.

Solo

Hij zat knus en comfortabel in zijn cockpit. Eigenlijk zat hij niet zoals je in de cockpit van een gewoon toestel als een Cessna, Piper of zelfs een 747 zit. Dat zijn pilotenstoelen die rechtop staan. Je kunt ze zelfs demonteren en in je eigen woonkamer bij de open haard zetten, of voor die verdomde tv, en op dezelfde manier blijven doorgaan met wat je moet of wilt doen. Nee, in deze stoel lag je half achterover, met je benen en voeten vóór in plaats van recht onder je. De nieuwe straaljagers, zoals de F-16, waren zo gebouwd. Dat zorgt ervoor dat de ruimte voor je smaller is – met als gevolg minder luchtweerstand – terwijl een horizontalere positie van het lichaam de kans op een black-out bij extreme G-krachten verkleint.

Dat laatste aspect had natuurlijk niet meegespeeld bij de overwegingen van de ontwerper toen die het eenzitsjuweeltje waar hij nu in zat uitbroedde, een RF-4 die werd aangedreven door een pittige 1300cc Volkswagen-motor, voorzien van een landingsgestel met maar één wiel – dat kon worden ingetrokken met een handbediende hendel – en met twee steunwieltjes aan de uiteinden van een paar mooi gevormde *high-aspect-ratio*-vleugels die hem op het eerste gezicht het uiterlijk van een zweefvliegtuig gaven. Maar *monsieur* René Fournier (R.F. dus) had altijd een snel toestel in gedachten gehad, met een zo klein mogelijke krachtbron. Dus minder gewicht, met het bijkomende voordeel van verhoudingsgewijs veel brandstof en plaats voor zo'n vijftien kilo bagage. Die kon achter je hoofd worden opgeborgen in een vierkante bergplaats waar ook de accu van de radio een plekje had gekregen. Het verminderen van de luchtweerstand door de beenruimte van de piloot te versmallen had geresulteerd in een soort wieg die – achteraf bezien – de komst van de F-16's en soortgenoten had aangekondigd.

Knus en comfortabel. Meneer R.F. had gezorgd voor een goed geïsoleerde cockpit die op een of andere manier tocht en kou buitengesloten hield. In zijn achterovergeleunde positie kon hij zich niet bewegen, alleen een beetje wriemelen met zijn lichaam. Er was genoeg ruimte om zijn hoofd te bewegen, dat wel, maar toen hij eenmaal zijn benen aan beide zijden van het centrale stuurgedeelte had gelegd, drong de gedachte aan een plotselinge krampaanval in zijn been zich aan hem op. En hij kon zijn achterste of zijn rug ook niet krabben. Het zou zelfs niet geholpen hebben wanneer hij zijn riemen had losgedaan, de ruimte was echt geofferd op het heilige altaar van de luchtweerstand.

Maar hij had nooit veel problemen met het zich aanpassen aan dergelijke beperkingen, vooral niet wanneer de prestaties het de moeite waard maakten. De 1300cc VW-motor kon snelheden bereiken van 200 km/u. Bij die snelheid kon hij vanuit horizontale positie een *looping* maken, het was niet nodig om eerst de snelheid op te voeren door te duiken. De brandstoftank was goed voor vier uur vliegen en hij was al een keer tot een hoogte van 12.000 voet geklommen. *Full Angels Twelf* dus. Zoals gezegd was deze kleine eenzitter een juweeltje. Wanneer hij zich eenmaal in de cockpit had gewrongen, voelde hij zich de koning van de hemel.

Hij vloog in noordelijke richting, over de Provence, aanvankelijk in de hoop de Alpen in een rechte lijn over te steken. Dat moest kunnen, aangezien hij dus al een keer 12.000 voet had bereikt. Maar er pakten zich daarboven dreigende wolken samen. Daarom boog hij af in noordwestelijke richting, terwijl hij tegelijkertijd zoveel mogelijk in de buurt bleef van de oprijzende bergen rechts van hem, waar afgezien van wat wolkenflarden boven hem de lucht vrijwel wolkenloos was. Dat hij naar links afweek van zijn oorspronkelijke vluchtroute, veroorzaakte geen problemen. Hij hoefde zelfs niet te navigeren in de strikte zin des woords. Geen koers-, tijd- en afstandsberekeningen. Gewoon je gevoel volgen en niet te ver naar rechts gaan, waar de wolken tot de grond reiken. En als je in de rats zit, kan je altijd links de heldere lucht induiken waar meer dan 10 kilometer zicht is. Genoeg ruimte naar beneden in die richting. Zijn hoogtemeter wees inmiddels 7.000 voet boven de zeespiegel aan.

Boven en pal voor hem – op 12 uur als het ware – knipoogden twee wolken naar elkaar. Wollige, pluizige wolken, zou zijn zoontje ze nogal onwetenschappelijk noemen. De rechter had grijze vlekken en was ongetwijfeld de oudste van de twee, te meer daar hij vastzat aan zwaarder spul dat tegen de bergen hing. De linker was kleiner, meer van het pluizige type van zijn zoontje, duidelijk gescheiden van het warboeltje aan de andere kant, en keek neer op het zonnige, bespikkelde land. Niet nodig om daar omheen te gaan. Hij koos voor het gat tussen beide in.

Zoals gewoonlijk had hij de afstanden verkeerd ingeschat. Hij voelde dat er daar verderop iets aan de hand was en nu vroeg hij zich of af dat allemaal tot ontwikkeling zou komen voordat hij door de opening zou vliegen. De stoere knaap rechts was duidelijk knipoogjes aan het geven door de opening en de pluizige, lichtzinnige aan de andere kant ging onbeschaamd in op zijn avances. Wat hogerop, boven de vluchtroute die hij in gedachten had, begonnen ze elkaar zelfs al voorzichtigjes te naderen. Maar wat hem betreft was alles onder controle. Mochten ze bij elkaar zijn voordat hij de opening had kunnen passeren, dan zou een dalende bocht naar links hem van de problemen weer naar de heldere lucht voeren. Of beter nog, als de tijd het toeliet zou hij er in een boog onderdoor vliegen.

Hij leunde weer lekker achterover in zijn liggende positie, klaar om te genieten van wat hem te wachten stond. Heel even vond hij het jammer dat er niemand bij hem was om dit samen met hem te beleven. Maar hij was alleen, in een *one seater*, solo.

Het maakte niet uit. De meeste van zijn vluchten waren sowieso solovluchten geweest. Zodat naderhand ervaringen delen met iemand die echt geïnteresseerd was, wel aan de hand van zijn eigen subjectieve ervaring móést gebeuren.

'Solo.' In de tijd dat hij voor de eerste keer de lucht in ging – 'First solo', in zijn logboek rood onderstreept volgens de voorschriften bij de RAF – waren hij en de andere piloten in opleiding gewend om het woord 'solo' uit te spreken met het respect dat de magie die het voor hen inhield verschuldigd was. *Het was zo'n beladen woord, dat helemaal tot het laatste toe geproefd moest worden, net als dat ene snoepje dat je van een volwassene mag hebben. Het hield een* rite de passage *in; je werd volwassen, je werd deel van de echte wereld van het vliegen. Je voelde je geen leerling meer, als het ware. Als je eenmaal solo had gevlogen, kon niets je er meer van weerhouden om uiteindelijk vleugels te krijgen. De zo begeerde* 'wings' *op je borst. Het moment dat je echt zou behoren tot dat uitverkoren gezelschap van vliegeniers, met alle verantwoordelijkheid die dat inhield, en daarbij de geheime boodschap voor niet-leden dat jij iets bijzonders was.*

Maar wat dat laatste betrof diende je je uiteraard in te tomen. Geen opschepperij, geen overdreven gedoe. Alleen maar een vriendelijk uitdagend woordje misschien, om anderen zelf te laten ontdekken wat voor bijzondere menselijke diersoort jij was. Een met vleugels. Een die onvoorstelbare dingen kon doen, die ongehoorde dingen zou zien en meemaken, wiens leven een aaneenschakeling zou zijn van fantastische gebeurtenissen. Gebeurtenissen die hij nooit in extenso zou kunnen delen, behalve dan met andere vogelmensen zoals hij. Maar zelfs onder hen waren er maar een paar met wie hij dat stuk van zijn leven deelde.

Dus in die bredere betekenis was hij ook solo, alleen. Maar hij voelde zich nooit alleen, nee, dat nooit. Het maakte dat deel van het leven zelfs nog prettiger. Als een lekkere maaltijd waar alleen jij van kunt genieten, op je eigen manier. De anderen aan tafel zijn van harte welkom en je zult met plezier je oh's en ah's in hun gezelschap ten gehore brengen, maar het ultieme genot is alleen maar aan jou voorbehouden. Hij vroeg zich af of in het oude Griekenland Icarus epicurisch genoemd werd. Dat zou wel hebben gemoeten. Althans, zo voelde hij zichzelf meestal wanneer hij alleen in de lucht was, of wanneer hij iets in herinnering beleefde. Michelin-driesterren met vleugels.

Het was allemaal begonnen toen hij nog heel erg klein was. Sterker nog, zo lang als hij zich herinnerde was er in zijn dromen sprake van gewichtloosheid. De wolken die hij overdag had gezien en die de heuvels met hun schaduw bespikkelden, kwamen erin voor. Wat bevond zich aan de binnenkant ervan? Vogels kwamen erin voor, van die rappe vliegers met hun razendsnelle vleugelbewegingen, zoals mussen, spreeuwen en zelfs eenden, tot het draaien en zweven van de meeuwen en roofvogels. En dan nog de zwaluwen en gierzwaluwen, snel en behendig en bovendien volleerde vliegers. In de zomer lag hij tot laat in de middag met zijn vriendjes in het gras en keek naar de zwaluwen die hun avondmaaltje achternajoegen. Wanneer het spektakel afgelopen was, renden ze al zigzaggend sprongetjes makend en met de armen vooruitgestoken de heuvel af.

In zijn dromen vloog hij vaak, helemaal alleen, na een korte aanloop, waarna hij, zich niet bewust van zijn lichaam, armen of benen, een stukje boven het gras zweefde. Hij voelde de wind in zijn gezicht, hoe hij steeds sneller ging en grotere vliegende insecten inhaalde en wanneer er genoeg kinetische energie was opgebouwd suisde hij de lucht in en zweefde, terwijl hij neerkeek op een landschap waarop hij in het gewone leven nooit had neergekeken. Zijn ouders kon hij niet vertellen hoe het was, maar aangezien deze droom zijn hele leven bleef terugkomen, besefte hij dat hij het echte solovliegen had ervaren. Net zo echt als de zogenaamde echte solovluchten later. Wat voor verschil maakte het nu eigenlijk of hij droomde of in een echt vliegtuig vloog? Vandaag de dag zou die droom van hem 'virtual reality' *worden genoemd. Maar voor hem was de ervaring net zo echt als die later in een echt vliegtuig, met alleen maar dit verschil dat je je droomvluchten niet in je logboek noteerde. Omdat dat nu eenmaal niet hoorde, anders niet. De anderen konden het gewoon niet begrijpen.*

De eerste keer in de lucht, de allereerste keer dat hij van de grond was gekomen, was het niet geweest zoals hij had verwacht. Het ging niet zo gladjes als hij gedacht had, het trilde allemaal en het maakte heel veel lawaai. Hij voelde zich gehinderd door zijn vliegtenue en hij moest regelmatig diep ademhalen door dat ongewone gevoel van ingesnoerd te zijn. Hij had zich op dit moment voorbereid, tijdens het eerste deel van zijn opleiding, gedurende de zes maanden theorie die gevolgd werden door een strenge selectie om erachter te komen als welk type bemanningslid je het meest geschikt was: piloot, navigator, bommenrichter, boordtelegrafist, boordschutter. Nee, geen boordschutter. Daarvoor was hij goddank te lang. Dus werd het Piloot. Met een hoofdletter P. En nu dan zijn eerste vlucht. In zijn logboek genoteerd na de rang en naam van zijn instructeur, eerste piloot, en het woord 'zelf' onder tweede piloot of leerling. Dan onder 'Functie' drie cijfers: 1, 2 en 3. Met daarna de opmerking 'Vertrouwd met de cockpitinrichting', 'Voorbereiding op vlucht' en, zeer veelzeggend heel netjes opgeschreven: 'Vliegervaring'. En dat allemaal voor 35 minuten.

Er hing een vreemde geur in de open cockpit van de Tiger Moth-tweedekker van de RAF. Olie, rubber, alcohol om de vettigheid weg te poetsen. En dan het geraas en de rook van de motor die gestart werd en de stem van de instructeur in zijn koptelefoon die hem vroeg of alles oké was. Terwijl ze over het gras hobbelden naar de door driehoeken gemarkeerde baan waar men geacht werd te landen en op te stijgen, de groene Aldis-lichten van de mobiele verkeersleiding en de landingsbaan zelf. Het motorgeluid zwol aan, de staart kwam omhoog, en hij keek hoe de grond onder hem in de diepte verdween. De wijzertjes trilden, de zijkant van de cockpit trilde door de luchtstroom, en hij werd een beetje misselijk toen hij in het rond probeerde te kijken, met vóór hem de achterkant van de leren helm van zijn instructeur, die afwisselend naar rechts en links keek.

Toen ze wat hoger waren gekomen moest hij het allemaal een beetje onder controle hebben, waarbij hij zich afvroeg wat er erger trilde, zijn hand of de stuurknuppel, dan aanvliegen en daarbij het gas langzaam dichtdraaien, het gepruttel van de motor en de geur van uitlaatgassen in zijn neus, wat licht gehobbel tijdens de driepuntslanding, het remmende staartwiel en het hoofdlandingsgestel die zich met vereende krachten op de grasbaan lieten zakken, dan terugtaxiën, uit de cockpit klimmen nadat hij eerst nog vergat om zijn riemen los te maken, zijn onsamenhangende antwoord op de vraag wat hij ervan vond. Het derde punt van de aantekeningen in zijn logboek 'Vliegervaring'.

Dit was allemaal liefdesspel geweest dat uiteindelijk tot conceptie had geleid. Het ultieme moment, het moment van de geboorte, zou zijn Eerste Solovlucht worden (zoals rood onderstreept in zijn logboek volgens de instructies van het Air Ministry). Een unieke belevenis die velen hadden meegemaakt. Het langverwachte – zo niet voorspelde – moment brak aan toen de instructeur de voorste cockpit uitklom en zijn riemen vastknoopte, zodat ze de voorste stuurknuppel niet zouden hinderen, en je erop voorbereidde dat de Tiger zich anders zou gedragen met maar één persoon aan boord. Hij zei ook dat je niet moest verdwalen, maar één rondje en dan weer landen, en wees niet bang om weer terug te keren als je niet helemaal zeker van jezelf bent.

Geen probleem bij het opstijgen, een schitterend zicht vooruit nu het niet meer belemmerd werd door een hoofd, het besef Solo te vliegen, met hoofdletter S, helemaal alleen. Zijn aandacht werd volledig opgeëist door de startprocedures, en bij het links naar de goede hoogte klimmen, en dan weer naar links naar een rechte, stabiele koers bij een rugwind, voelde hij zich heer en meester. Toen hij naar de landingsbaan onder hem keek en vaststelde dat alles in orde was, ontspande hij even. Hij hield zijn hand buiten de cockpit en voelde de luchtstroom tussen zijn gehandschoende vingers doorgaan, en probeerde zijn eigen gejoel en vrolijke kreten te horen. Boven het geluid van de motor uit begon hij te lachen zoals hij nog nooit eerder had gedaan en in gezelschap ook zeker niet gedurfd zou hebben.

De handelingen eisten al zijn aandacht op, hij volbracht alles vlekkenloos, en vervolgens trok hij de stuurknuppel zachtjes naar achteren, waarna hij het toestel zachtjes op het gras neer voelde komen. Hij had het gedaan, hij had een solovlucht gemaakt, helemaal alleen. 'Niet slecht,' zei zijn instructeur. 'Alleen jammer van dat zingen bij rugwind, ik kon je op kilometers afstand horen.' Zoals al zo veel instructeurs zo vaak tegen zo veel piloten hadden gezegd. Maar deze ervaring kon niemand hem meer afnemen.

De wolkenformaties die hij tegemoetvloog veranderden ongemerkt van vorm. Hij ontwaarde gezichten, met baard en al. Hij zag hoe de mooie wolk links van hem iets wat op een tentakel leek uitstak. Het grote gevaarte rechts, dat ontegenzeglijk iets van een bebaard gezicht begon te krijgen, had een tentakel die veranderde in wat een arm leek. Die metamorfose werd geïmiteerd door de witte wolk.

'Ik weet het al,' zei hij in zichzelf, 'dit herinnert me aan de kamer van mijn zuster. De reproductie van Michelangelo's schildering in de Sixtijnse kapel.' Toen hij zijn zuster indertijd had gevraagd wat het voorstelde, had ze naar de grond gekeken en, misbruik makend van het feit dat ze tien jaar ouder was, hoogdravend geantwoord dat hij daar nog veel te jong voor was maar dat het Schoonheid voorstelde. Met hoofdletter S. Maar hij zag alleen maar twee figuren die loom naar elkaar wezen, de linker achterover leunend en de andere gehuld in een of ander wolkig goedje. Zusjes hadden een vreemde opvatting over schoonheid.

Aan de buitenkant van zijn cockpit was er iets aan de hand.

Hij rook ozon, een vleugje. Moest komen van een elektrische ontlading in de wolken rechts van hem. Maar goed dat de lucht hier nog helder was. De twee tentakels die naar elkaar reikten, leken nu echt op armen met vingervormen aan het uiteinde, terwijl de rompen van de wolken een lichaam, een achteroverleunend lichaam, en gezichten voorstelden. Juist op het moment dat hij eronderdoor vloog begonnen de armen een brug te vormen.

En toen gebeurde het. Achterovergeleund in zijn RF-4 keek hij omhoog toen de twee vingers bliksemschichten uitwisselden. Hij kon niet zien welke de eerste was geweest, maar er was beslist een uitwisseling geweest. Van de een naar de ander en weer terug. Heel duidelijk hoorde hij twee donderslagen, als eerste op aarde, op deze planeet. De mensen onder hem zouden de klappen of het gerommel pas een paar seconden later horen. Maar hij, uitgerekend hij, was bij dit moment van creatie, met dank aan Michelangelo, met dank aan zijn zuster, aanwezig geweest. Hij alleen, solo, was getuige geweest van dit moment van kosmische geboorte. Eonen geleden waren er elektrische ontladingen geweest die anorganische moleculen hadden omgezet in microscopisch leven. Hij alleen, solo, had een herhaling daarvan aanschouwd. Zijn hart barstte uit elkaar van geluk; hij begon te zingen, te juichen en te schreeuwen. Waarna hij in een hard, donderend gelach uitbarstte, zo hard dat hij bang was dat de mensen daar beneden zich zouden afvragen wat ze toch hoorden nadat de donder hen van boven had bereikt.

Hij vloog verder, liet de gewelfde brug achter zich en zag dat de twee vormen aan beide zijden weer op wolken leken. De lucht was weer helder, het land lag er vredig en zonnig bij. Hij zette zonder problemen koers naar zijn bestemming, zijn VW-motor pruttelde, zijn vleugels waren in balans. Wanneer hij zijn zuster dit allemaal zou moeten uitleggen, dan zou hij zeggen dat het met Schoonheid te maken had. Met een grote hoofdletter S.

Amper Mati

Volgens de kalender was het 26 september. De dag vóór de verjaardag van de jonge piloot. De 'C' Flight van het squadron op de zondoorstoofde landingsbaan van Wirasaba op Midden-Java had duidelijk niets omhanden. De verveling was bijna tastbaar. Er werden bijna geen operaties meer uitgevoerd sinds de politici zich waren gaan bezighouden met de problemen die voortkwamen uit de geboorte van de nieuwe staat Indonesië. Die typische hectiek rond een operatie was iets uit het verleden geworden, die alleen maar herleefde in de verhalen die de piloten elkaar met een flesje lauw bier, passend 'Java-bier' genoemd, vertelden om de bedrukte verveling te verdrijven. Een sporadische verkenning of het transport van zieken en gewonden was nog het enige dat herinneringen opriep aan meer opwindende dagen. Alles was rustig.

De gesprekken gingen allemaal over de toekomst. Wanneer zou de repatriëring naar Europa plaatsvinden? Hoe waren de meisjes in Europa nou écht? Keken zij net zo naar ons uit als wij, in de hitte van de verlaten tropische landingsbaan, opgewonden naar hén zaten uit te kijken? Met dezelfde fantasieën en overrijpe verwachtingen? Zou de toekomst een carrière bij de luchtmacht in petto hebben, of zou de rest van hun leven zich op de universiteit of in de zakenwereld afspelen?

Maar al die zaken konden de jonge piloot op dat moment niet veel schelen. Hij was de enige die die ochtend enige tekenen van activiteit vertoonde door het grondpersoneel te controleren dat zijn toestel aan het voorbereiden was, een Auster Mk III, met twijfelachtige liefkozing de vliegende koe genoemd. Maar vóor hem betekende het op dat moment de vleugels naar het paradijs. En daar was een heel goede reden voor. De volgende dag om 12.00 uur moest een vaccin worden gedropt in een dorp op 30 à 40 minuten vliegen ten oosten van Wirasaba in een gebied dat al in handen was gegeven van de nationalisten van de nieuwe natie die vorm begon te krijgen. Er was pest uitgebroken en een medisch team van het leger was gevraagd om verdere verspreiding te voorkomen.

De taak van ‘C’ Flight was om het zo belangrijke vaccin om 12.00 uur de volgende dag, 27 september, zijn verjaardag, te droppen. In feite een parachutedrop op het voetbalveld van het dorp, waar het medisch team de precieze plek zou aangeven en zou zorgdragen voor de distributie en het correcte gebruik van het vaccin. Bovendien zou hun aanwezigheid – een uitermate geruststellende gedachte – mogelijke oprispingen van schietgrage nationalistische troepen, die bijna zeker aanwezig zouden zijn, ontmoedigen. Eitje, daarom. Dus had hij zich als vrijwilliger gemeld.

Maar dat was allemaal ondergeschikt. Wat echt van belang was, de reden van zijn geestdrift én van zijn vrijwilligerschap, was het feit dat het vaccin zes tot acht uur na het verlaten van het laboratorium toegediend moest worden. En dat laboratorium stond – de Heer zij geprezen – in Bandoeng, West-Java. Bandoeng de bekoorlijke, Bandoeng met zijn koele nachten, Bandoeng waar het pais en vree was en waar *draught*, koel en fris tapbier, te krijgen was in dat kleine stukje Europa dat de bar van hotel Homan was.

Dus het was allemaal heel eenvoudig. Bandoeng lag ruim anderhalf uur vliegen van zijn basis. Er was geen tijd om het spul op te halen en dezelfde dag naar de droppingzone te vliegen. Dus zat er niets anders op dan die middag naar Bandoeng te vliegen, daar te overnachten en in de bar van hotel Homan met zijn *draught*-bier, medelijden te hebben met zijn collega’s in Wirasaba en hun lauwe zooi en mogelijk ook nog verleidelijk gezelschap te vinden om om middernacht zijn verjaardag mee te vieren.

En dan de volgende ochtend het koele Bandoeng verlaten met het vaccin en dat te bestemder plaatse droppen. En hij zou ook nog de mensheid van dienst zijn. Wat een nobele gedachten, en dat nog wel op zijn verjaardag. Maar 'verjaardag', kwam het bij hem op, stond in schril contrast met die dag waar je het bijna nooit over had maar die altijd wel ergens in de krochten van je geest sluimerde. 'Verjaardag' als tegenstelling van 'er geweest zijn', als tegenstelling van 'de pijp uit'. Als tegenstelling van *'mati'*, zoals ze in het Maleis zeggen.

Maar geen reden tot zorgen. Integendeel. De nauwgezetheid waarmee hij de dagelijkse inspectie van zijn toestel gadesloeg, werd nog overtroffen door de precisie waarmee hij zijn reistas inpakte. Zijn tropenuniform, strak gesteven en zonder kreukels, moest zodanig worden ingepakt dat hij zich met alle animo en vertoon die hij zou weten te mobiliseren, in het nachtleven van Bandoeng kon storten. Want de tijd tot de klok van middernacht, de aankondiging van zijn verjaardag, moest gladjes en rimpelloos verlopen. Hij was ervan overtuigd dat een net en mooi uniform onontbeerlijk was voor zowel zijn voorkomen als zijn zelfvertrouwen. Hij ging per slot van rekening niet elke avond naar hotel Homan. Je tijd in de tropen op zo'n decadente manier doorbrengen was alleen weggelegd voor de stafofficieren en hun gelijken, zoals het garnizoenspersoneel en de plaatselijke militaire klaplopers.

Zoals de cavalerie. De huzaren hadden hun bewapening al opgeborgen en wachtten geduldig op orders om in te schepen voor Europa. Intussen brachten ze hun tijd door op een manier waarvan arme piloten op een afgelegen landingsstrip alleen maar konden dromen. Hij was vastbesloten om deze nacht de schade in te halen.

De vlucht van anderhalf uur naar Bandoeng verliep die middag rustig en vlekkeloos. Hij vloog op zo'n 6.000 voet en navigeren was een fluitje van een cent. De landingsbaan van Tasikmalaya, waar andere leden van zijn squadron zich te pletter verveelden, gleed onder hem weg. Daarna verwelkomde Tankuban Prahu, de vulkanische richel die het noordelijkste deel van de hoogvlakte van Bandoeng begrensde, hem aan stuurboord. Met een kalme bocht begon hij aan de landing op het vliegveld van Bandoeng, met rijen Kittyhawks, Dakota's en een stel Austers van de Bandoeng-flight. Die laatsten zouden zorgen voor een kamer op het vliegveld en transport naar het heiligste van het heiligste, de bar van hotel Homan.

Nadat hij daar zijn intrek had genomen, begon de grote schoonmaak. Hij had zichzelf nog nooit zo gewassen, geboend en opgewreven als die namiddag. Deodorant en aftershave omhulden hem op subtiele wijze. Bekroond door de onontbeerlijke lik Brylcream in zijn haar, geheel conform zijn Royal Air Force-opleiding in Engeland. Het was niet voor niets dat de RAF-piloten bekendstonden als de 'Brylcream Boys'. Hij vouwde voorzichtig zijn uniform uit, kleedde zich aan en zette zijn blauwe luchtmachtcap op, waarna hij tevreden en goedkeurend naar zichzelf in de spiegel keek. Onweerstaanbaar, een puike piloot. En nu op naar Homan.

Het prettige vooruitzicht van de avond die komen ging, kon hem in elk geval niet meer worden afgenomen. Daar kon hij van genieten. Maar zoals zo vaak het geval is, haakte het noodlot hem pootje. De avond zou volledig in het water vallen. Het begon meteen al met het betreden van de bar van hotel Homan. Het geroezemoes in de bar viel niet stil toen hij zijn opwachting maakte. Sterker nog, niemand in de hoefijzervormige ruimte leek hem op te merken. De welgevormde barvrouw, die bekendheid genoot in de hele Indonesische archipel en de naam Olga droeg – naar verluidt een Wit-Russin – keurde hem nauwelijks een blik waardig. Een groep huzaren en wat Kittyhawk-piloten zonden onafgebroken lichaamstaal en andere boodschappen naar de Wit-Russische schone. Ingegeven door de overtuiging dat hoe langer men in de tropen verbleef, des te mooier de vrouwen werden.

Olga maakte duidelijk ten volle gebruik van de situatie. Ze verhulde haar voorliefde voor de kleine groep huzaren niet. Uiteindelijk waren zij garnizoen en daardoor blijvers, geen passanten, en ze kwamen dus beter van pas bij haar mondaine interesses. Andere eenheden, luchtmacht of anderszins, telden simpelweg niet. Het begin van de avond beloofde zeker niet veel goeds.

Hij voegde zich bij de groep jachtvliegers, aan de overzijde van de huzaren aan de hoefijzervormige bar, zodat hij tenminste kon genieten van Olga's achterste wanneer ze reageerde op haar aanbidders. Hij voelde zich als Odysseus bij zijn terugkeur naar Ithaca na afloop van de Trojaanse oorlog. O, had hij maar een sterke boog en zoevende pijlen, dan kon hij deze plek ontdoen van die verwijfde cavaleristen. Maar ook wat dat betreft was er geen hoop; de avond verstreek in één grote teleurstelling. Allengs werd zijn zelfvertrouwen steeds verder aangetast. Het enige wat Olga goed deed was hem voorzien van dat heerlijke *draught*-bier.

Ongetwijfeld vanwege banale lucratieve overwegingen, wist ze precies wanneer zijn glas bijgevuld moest worden, maar tegelijkertijd liet ze hem, met haar rondborstige intuïtie, voelen dat hij niets meer was dan een boerenpummel die op bezoek kwam, een junglepiloot die hier in hotel Homan totaal niet op z'n plek was. Terwijl hij zich afvroeg of die paardenlui, die waarschijnlijk niet eens wisten wat voor en achter was bij zo'n beest, wel eens echte actie hadden meegemaakt, keek hij de huzaar aan de andere kant van de bar strak aan – hoogst waarschijnlijk degene die later aanspraak zou kunnen maken op de lichamelijke deugden van Olga. Maar helaas gaf de man hem niet eens de voldoening van een vluchtig oogcontact.

Hij kon het vergeten om een praatje met haar te maken en daarom mengde hij zich in het gesprek van de Kittyhawks-piloten. Maar hoewel hij vriendelijk in hun midden werd toegelaten, voelde hij zich lichtjaren van hen verwijderd. Zij waren geen junglepiloten. Comfortabele vliegbasis, goede onderkomens en niet al te veel eisende operaties. Al met al een heel ander verhaal. Moest hij later een vaccin ophalen om het in een godverlaten oord kilometers verderop te droppen? Nou, dat is niet niks.

Hij besloot zijn voornemen een rondje te geven om zijn verjaardag in te luiden, te laten varen. Hij nam nog een paar biertjes en constateerde hatelijk dat Olga's achterste op de keper beschouwd geen kaars rechtop kon houden, in tegenstelling tot de meeste van zijn Europese vriendinnetjes, waarop hij naar bed vertrok, teleurgesteld door de Russische vrouw, zelfs onbegrepen door collega-piloten en met een intense hekel aan

iedereen die zo dom was om in een tank te rijden. Dus vaarwel hotel Homan, vaarwel rondborstige Olga, vaarwel al die andere hooghartige inwoners van het decadente Bandoeng. Hij kon beter zijn collega-boerenpummels na terugkeer in Wirasaba een rondje lauw Java-bier aanbieden. De avond was wel zuur geweest, maar niet helemaal desastreus. Niet 'mati', maar misschien 'amper mati'.

Toen hij voor zonsopkomst in de heerlijke frisse ochtendlucht wakker werd, was hij het Homan-debacle al vergeten. Hij ging naar het medisch laboratorium om het vaccin op te halen. Het spul werd in een grote thermosfles, ingepakt in kranten en dekens, op de juiste temperatuur bewaard. Daarna werd alles in een flinke juten zak gedaan die aan de parachute moest worden bevestigd. Daar zorgde de parachutesectie op het vliegveld voor en ze instrueerden hem hoe de *static line* werkte en hoe hij het hele zaakje in zijn kist moest leggen. 'Je weet natuurlijk hoe het allemaal moet.'

Hij knikte bevestigend maar was er zich pijnlijk scherp van bewust dat hij nog nooit iets uit een Auster had gegooid. Allereerst, stelde hij vast, het rechterportier wegnemen. Dan de parachute en zijn lading goed vastgesnoerd op de rechterstoel leggen. Dan de *static line* aan de vleugelstijl aan stuurboord vastmaken en maar hopen dat de inpakkers genoeg lijn eraan hadden bevestigd om de parachute te laten gaan wanneer hij uit zijn omhulsel was getrokken. Met lage snelheid vliegen, kleppen halverwege, een *sideslip* naar links en dan het hele pakket uit het rechterportier duwen. Je moest niet hebben dat de parachute om je hoogteroer gewikkeld kwam te zitten, toch.

'Ja, ja, we hebben hier heel veel ervaring mee,' onderstreepte hij huichelachtig zijn bevestigende geknik. Tijdens de terugvlucht zou hij er nog eens goed over nadenken en alles met de anderen in Wirasaba overleggen wanneer hij, alvorens de dropping uit te voeren, ging bijtanken.

Tijdens de terugvlucht was het navigeren nog makkelijker dan gisteren op weg naar Bandoeng. Hij koos de goede hoogte en in de frisse ochtendlucht op 9.000 voet complimenteerde hij zichzelf met zijn onbaatzuchtige beslissing om op deze manier zorg te dragen voor de juiste temperatuur van zijn lading. De koers gekozen, het goede toerental, de neutrale trim op zijn hoogteroeren, alles onder controle. Hij klopte op het parachutepakje en begon zelfs *Happy Birthday to me* te zingen. Waarom niet? En met zijn gemoed in volmaakte harmonie met het prachtige landschap beneden liet hij zijn gedachten gaan over de mooie meisjes die hij zou ontmoeten wanneer hij eenmaal weer thuis was. Die niet, herhaal *niet*, op Olga zouden lijken.

Toen hij Wirasaba in de verte zag liggen, zette hij met het gas helemaal open een lichte daling in. Laat die ouwe Auster maar eens snuffelen aan het rode streepje van de snelheidsmeter. Als hij het correct had ingeschat, kon hij met een snelheid van 220 km/u laag tussen de oude bamboehangars door vliegen, om zijn verjaardag aan te kondigen.

Het effect van dat kunststukje was heel anders dan hij had verwacht. Geen open armen en gejuich, niemand die hem vroeg hoe het in Bandoeng was geweest. Geen mogelijkheid om vaag te suggeren dat het hem met Olga de Wit-Russische was gelukt. Geen waardering voor een – dat moest je toegeven – zeer goed uitgevoerde lage vlucht. Alleen maar opgewonden grondpersoneel dat zich haastte om zijn kist weer vol te tanken zonder hem er zelfs maar uit te laten komen. En een uitermate knorrige en weinig onder de indruk zijnde Tony, de commandant van zijn flight, die hem aansprak met: 'Je maakt te veel heisa. Schiet maar op, het tijdstip van de dropping is een halfuur vervroegd. En o ja, voor het geval je dat belangrijk vindt, dat je nog vele malen veilig mag terugkeren.'

Kouwe douche, maar niet helemaal onlogisch. Tony had de avond daarvoor natuurlijk dat afschuwelijke Java-bier in flesjes gedronken en moest wel jaloers zijn op een van zijn piloten die in Bandoeng van dat koele *draught*-bier had genoten. Het was hem vergeven. Dus kom maar op met die briefing, desnoods door het open raam aan de kant van de piloot. Maar wat voor briefing? Meestal briefde je jezelf. Gewoonlijk kreeg je alleen maar suggesties en tips. In zijn squadron was er nooit van orders in die zin sprake geweest. Het enige concrete gegeven was dat de medische dienst had gevraagd om de dropping te vervroegen en dat alles daarom zo snel mogelijk moest worden uitgevoerd.

Dus eerst de vliegtijd berekenen op basis van de afstand tot het doel en het gevraagde tijdstip van dropping. Voeg er vijf minuten aan toe om boven het vliegveld de windrichting en snelheid vast te stellen en neem dan een beslissing over de dropprocedure. Er was geen tijd geweest om hierover met de andere piloten te overleggen. Na het bijtanken bracht hij zijn eigen bagage weg en toen hij weer in het toestel had plaatsgenomen controleerde hij met zijn rechterhand of zijn lading wel goed zat vastgesnoerd. Kan het grondpersoneel de rechterdeur rapido weghalen, a.u.b.? Ervoor zorgen dat de *static line* goed aan de vleugelstijl vastzit en het teveel aan touw onder de parachute stoppen. Je moest toch niet hebben dat er een lus van touw in de slipstream klapperde en misschien zelfs de parachute naar buiten trok. De gedachte aan wat zo'n flink stuk klapperend materiaal in de lucht voor invloed kon hebben op de aerodynamische eigenschappen van de machine, bezorgde je de rillingen. Al helemaal als de parachute zich om de staart zou wikkelen. Daar had hij in Bandoeng al over nagedacht.

En dan de dropping zelf. Hij had besloten om langzaam te

vliegen, kleppen halverwege en dan *sideslippen* op het moment dat hij de lading naar buiten zou duwen, nadat hij eerst de riemen had losgemaakt. Dat zou ervoor zorgen dat de parachute van het toestel af zou vallen. En dan natuurlijk vurig bidden dat de lijn zijn werk zou doen nadat hij de parachute uit zijn omhulsel had getrokken. Een geopende parachute achter een vliegtuig dat op minimumsnelheid vloog, was de nachtmerrie van iedere piloot. En ten slotte voldoende armlengte laten om de riemen op de andere stoel los te kunnen maken en voor voldoende steun zorgen om het hele pakket uit het portier aan stuurboord te kunnen duwen. Hij kon niet bij de deuropening zelf komen, maar dat maakte hem niet uit.

Alles in orde en opgestegen op het voorgeschreven tijdstip. Een lage passage op weg naar het gebied van de dropping, alleen maar om Tony nog meer te ergeren? Dat kon wel wachten tot de terugweg. Hij kon zich beter concentreren op het lezen van de kaart en koers houden. Het dorp en het voetbalveld zouden er waarschijnlijk net zo uitzien als al die andere dorpen en rijstvelden op Java. Radioverbinding met de geadresseerde was er niet in het toestel. Ze hadden alleen maar een verbinding over de grond met Wirasaba.

Alles ging evenwel goed. Hij vond het dorp al voor de afgesproken tijd, verzekerde zich van de aanwezigheid van een voetbalveld en stelde tevreden vast dat iemand een rokend vuur had aangestoken dat hem prima van pas kwam bij het bepalen van de windrichting en -snelheid. Hij vloog rond het veld om te zien of er gewapende troepen waren die de operatie zouden kunnen verstoren, maar toen hij niks zag, daalde hij verder naar 150 meter. Gas terug, landingskleppen in de middelste stand, de snelheid terug naar vijf tot tien knopen boven de overtreksnelheid, laat de middenstip van het veld onder je neus doorgaan, tel een paar seconden, dan de riemen van de rechterstoel losmaken. Een mooie *sideslip* inzetten en dan één, twee, drie het zooitje naar buiten en vallen maar.

Wat niet gebeurde. Wat wel gebeurde was dat de juten zak

verstrikt was geraakt in de rechtopstaande metalen haak die bevestigd zat aan het frame van de deur en die bedoeld was om de nu afwezige deurknop op zijn plaats te houden. Niet alleen was het hele pakket vast komen te zitten, het hing op obscene wijze in de volle slipstream buiten de cockpit van een vliegtuig dat eerst met minimumsnelheid vloog maar inmiddels vol gas, waartoe hij was overgegaan toen hij merkte dat de zaak fout liep. Het vliegtuig weer in horizontale positie brengen hielp niet. De Auster begon naar rechts te trekken, links roer geven deed bijna niets. Hij hoefde niet op zijn snelheidsmeter te kijken om te weten dat hij richting overtreksnelheid ging. De neus lichtjes laten zakken hielp om meer snelheid te krijgen, maar op 150 meter hoogte was er niet veel lucht meer onder je over om de situatie te herstellen.

Hij zat, zoals de uitdrukking luidt, ietwat in de knoop. De gedachte begon zich aan hem op te dringen dat dit het was, dat hij naar de haaien ging, dat zijn tijd gekomen was, dat dit het einde was – *mati*, zoals de plaatselijke bevolking zei. Dus vaarwel repatriëring, vaarwel dromen over Olga, vaarwel mooie meisjes in Europa, vaarwel iedereen. En dat allemaal ook nog op zijn verjaardag. O vader die mij verwekte, o moeder die mij ter wereld bracht, wat gaan jullie doen met alle taart en al die andere lekkernijen die jullie ongetwijfeld hebben besteld op deze vrolijke dag?

De haartjes in zijn nek begonnen te prikkelen, de aankondiging van een paniekaanval. Niet opgeven, duw het weg, doe iets. Zijn kist leek nu iets beter onder controle te houden, maar in grote lijnen ging hij nog steeds richting het aardoppervlak. Dat hij nog steeds naar stuurboord ging in weerwil van het feit dat hij nog steeds vol links roer gaf, kon hem even niets schelen. Het belangrijkste was om die bundel die buiten de cockpit hing te bonken kwijt te raken. De *static line* sloeg ritmisch tegen de romp van het vliegtuig, en dat dwong hem tot actie.

In slow motion zag hij, strak aangesnoerd als hij was, hoe hij zichzelf in wezen langer maakte, als een alien van een of andere verre planeet, om vervolgens het juten omhulsel aan de rechterkant *buiten* de cockpit vast te pakken, met vijf vingers die uitgestrekt waren als een klauw, en met een recht uitgestrekte arm het hele pakket in de slipstream op te tillen, waardoor het los kwam van de haak in het deurframe. Waarna hij het met een schietgebedje en een vloek losliet.

Het toestel reageerde onmiddellijk en begon zich weer te gedragen zoals het een keurig opgevoed vliegtuig betaamt. Hij trok niet meer naar opzij, er was geen gebonk en geklepper meer, de neus verhief zich ten opzichte van het landschap, de snelheid nam toe, en met ingetrokken landingskleppen begon het te stijgen. Hij slaakte niet eens een zucht van verlichting. Hij kon het niet. Hij blies alleen maar met kracht een hoeveelheid lucht naar buiten die zich op een af andere manier in zijn longen had verzameld. Zijn linkerbeen trilde onbeheerst en hij kon de vingers van zijn rechterhand, die als een klauw gekromd was, niet strekken. Met de palm van zijn hand hield hij het gas helemaal open, en hij merkte dat hij nu in een hoek van negentig graden ten opzichte van zijn oorspronkelijke koers over het veld vloog. Uit zijn ooghoek zag hij hoe de parachute naar beneden dwarrelde, maar hij landde ver van het door hem beoogde doel in het midden van de drassige, modderige rijstvelden, waar wat opgewonden figuren hun weg doorheen aan het waden waren in de richting van dat levensreddende pakket uit Bandoeng. Hij draaide om en vloog met een schuldgevoel over het veld. Niemand groette hem, stelde hij vast.

Op de weg terug begon hij zijn tegenwoordigheid van geest weer terug te krijgen. Toen hij probeerde te reconstrueren wat er precies was gebeurd, trachtte hij met zijn arm bij de rechterdeur te komen. Maar wat hij ook deed, hij kon met de beste wil van de wereld die verdomde haak op het deurframe niet bereiken, laat staan zijn vingers buiten de deuropening krijgen. Had hij zich echt zo ver uitgestrekt, als een inktvis of een amoebe? Dat kon niet, het was fysiek onmogelijk, het zou alle wetten van de natuurkunde tarten.

Maar hij had het gedaan, het bewijs was overduidelijk. De nagels van zijn rechterhand deden vreselijk pijn, en de dagen erna zouden ze donkerblauw worden. Hij voelt een pijnlijke steek aan de rechterkant van zijn nek, daar waar de riemen duidelijk hun werk hadden gedaan. Zijn hele arm kondigde nu al een stevige spierpijn voor de komende dagen aan en zijn linkerbeen tintelde nog helemaal. Maar voor de rest deed alles het nog.

Jezus, dank u, dank u Jezus, vader en moeder, jullie zoon leeft nog. Mooie meisjes daar thuis, jullie zullen me binnenkort zien, en door ziekten geteisterde dorpen, het vaccin zal jullie redden. Dus hoe je het ook bekeek, hij leefde nog, en het was bovendien nog steeds zijn verjaardag. Dus een lage, een heel lage en donderende passage over de hangars mocht als zeer gepast worden beschouwd.

Dat ging hem dan ook heel wat beter af dan de vaccindropping. Maar Tony wachtte hem op en luisterde onbewogen naar zijn verslag. 'Misschien interesseert het je te horen dat een aantal geneesheren met bemodderde voeten via de radio hun mening heeft gegeven over ons squadron in het algemeen en een van onze piloten in het bijzonder. Maar ik geloof jou graag. "Amper Mati", wat? En ook repatriëring op korte termijn. Arme kerel. Weet je wat, je mag deze vlucht in je logboek als operationeel noteren. Een cadeautje van mij. Voor je verjaardag. Maar je maakt nog steeds veel te veel heisa met die stomme lage passages van je.'

Kippenvel

Van Gods gehele schepping, in het bijzonder de benaming van Zijn creaturen, is het woord 'gans' het ongelukkigst, zo niet volstrekt ongeschikt. Tenzij Hij hem/haar/het natuurlijk speciaal had bedacht om te vullen of te braden of wat dan ook, louter en alleen ten behoeve van degenen die hij naar Zijn Eigen beeld schiep. Maar een dergelijke kleine vergissing zou Hem alleen maar iets menselijks geven, iets wat heel veel troost biedt.

De mens heeft de gans altijd vereerd. Door hun prachtige vluchtformaties in prehistorische grotten af te beelden. En ganzen zelfs heiligheid te verlenen als Bewakers van het Capitool, een taak die, zoals we weten, tot hun eigen voldoening en ten nutte van het oude Rome, naar behoren en succesvol werd uitgevoerd. Moderne studies hebben zich gericht op het gedrag van dat aanminnelijke dier, om zo de merkwaardige streken van hun menselijke meesters beter te doorgronden. Zijn hondachtige neiging om het gezelschap van de mens op te zoeken heeft zelfs geleid tot die prachtige interactie tussen een vlucht ganzen en hun moedersymbool van een door een mens bemand Ultralight-vliegtuig.

In de lucht kom je heel vaak vogels tegen. Dat wil zeggen, op een *bepaalde* manier. Want het grootste deel van de tijd kijk je in een vliegtuig naar vogels net zoals je dat op de grond doet. Niks bijzonders. Maar wanneer je oog hebt voor uitzonderlijke gebeurtenissen, een arendsoog, *excusez le mot*, dan ben je als vogelmens in je vliegmachine getuige van merkwaardigheden die ietwat vreemd lijken aan de Schepping.

Meeuwen zijn er in overvloed te zien in kuststreken, bij meren en soms verder het binnenland in. Ze cirkelen – meestal tegen de klok in – rond op zoek naar opwaartse luchtstromingen. Of, aardser, naar voedsel. Maar wanneer je een beetje goed rondkijkt, zie je dat Jonathan Livingstone nog steeds onder ons is. Er is altijd één meeuw die anders is, die anders vliegt, die lijkt te doen alsof hij een albatros is door over de golven te zigzaggen en de punten van zijn vleugels als vingers over het wateroppervlak te laten gaan. Een bijzondere meeuw die blijk geeft van een uitzonderlijke nieuwsgierigheid wanneer je hem voorzichtig probeert te benaderen. Die je zelfs – maar misschien gaat je fantasie met je op de loop – peilt om erachter te komen wat die deels toevallige, deels bewuste ontmoeting in de lucht nog meer in petto kan hebben.

Dan kan hij zich zelfs door de luchtstromen omhoog laten voeren, terwijl hij zijn kopje voortdurend in de richting van dat kleine vliegtuigje draait dat zich op enige afstand van de punt van zijn vleugel bevindt. Daar in de hoogte laat Jonathan zich plotseling naar beneden vallen. Dan klapt hij zijn vleugels een paar seconden in, waarna hij weer de hoogte in wiekt, voortgedreven door de toegenomen snelheid na zijn vrije val en de nog altijd aanwezige opwaartse luchtstroming. En steeds kijkt hij naar het vliegtuig, alsof hij het ertoe aan wil zetten om hetzelfde te doen.

Maar die behendigheid en dartelheid zijn in de verste verte niet na te doen. Wanneer je het probeert voelt het toestel aan alsof het stijve gewrichten heeft. De vrije val valt te imiteren, maar dan zonder ingetrokken vleugels. Het resultaat is alleen maar het normale draaien en vliegen, maar dan neerwaarts. Gas terugnemen om niet te hard te gaan. En bij het stijgen gaat dat weer open. Met al het bijbehorende lawaai. Lawaai dat de natuur vreemd is en zelfs Jonathan van zijn à propos brengt. Die meeuw kun je beter maar met rust laten. Als je hem uiteindelijk alleen laat, zal hij er verder niet meer aan denken. Hoewel het aardig is om te geloven dat hij morgen, of overmorgen, of een andere keer, naar je op zoek zal zijn.

De Nigerdelta wemelde, zag zwart van de zwaluwen die op het punt stonden naar Noord-Europa te trekken. Hij vloog in een tweemotorig propellertoestel, een Piper Aztec, van Port Harcourt naar Lagos, samen met vijf leden van een handelsmissie uit zijn land die voor de eerste keer in dat deel van Afrika waren en zoveel mogelijk van het landschap daar beneden probeerden te zien. Hij had vaak genoeg op het moerasland in de delta neergekeken om het saai te vinden. De strook in de richting van Lagos achter de Niger volgde de kust, dus het navigeren was een makkie. Alleen het weer, zware Afrikaanse stormen in het regenseizoen, zou roet in het eten kunnen gooien. Maar daarvan was nu geen sprake. Alleen maar een rustig vluchtje van goed anderhalf uur zonder noemenswaardige problemen, behalve dan de klamme warmte die zijn hemd van achteren doorweekte. Daarbij moest hij zijn passagiers onderhouden met grapjes.

Maar toen doken die zwaluwen op. Het leek dan ook wel alsof alle tropische muggen en ander naar ongedierte zich hadden verzameld op de hoogte waarop hij vloog. Zijn voorruit zat al helemaal vol spetters. Boven en onder zich zag hij wolken van dat ongedierte. Er moest een ware plaag zijn opgestegen uit dat moerasland. Maar inmiddels waren de zwaluwen gekomen die zich te goed deden, zo ongeveer overal om hem heen. Boven hem, beneden hem, maar het allerergste: ook vóór hem. Ze cirkelden en draaiden, en ongetwijfeld vulden ze de lucht met hun kreten, waarmee ze te kennen gaven dat ze op jacht waren.

Zijn passagiers hadden nog nooit zoiets gezien. En hij trouwens ook niet. Het enige verschil was dat zij opgewonden waren omdat ze bij thuiskomst een goed reisverhaal zouden hebben. Terwijl hij zich steeds meer zorgen begon te maken over zijn welzijn, dat van het vliegtuis en, bij nader inzien, ook van zijn passagiers. Hij wist door briefings en de verhalen van andere piloten maar al te goed welke desastreuze schade een vogel kon toebrengen aan een vliegtuig in de lucht en hij begon zich af te vragen of hijzelf dit keer een goed verhaal zou hebben. Als hij überhaupt nog iets te vertellen zou hebben.

Hij had nog nooit meegemaakt dat er een vogel tegen hem aan was gevlogen, maar hij herinnerde zich vaag de berekeningen die lieten zien met wat voor enorme klap een vogeltje van een paar honderd gram een vliegtuig kon raken. Hij vloog 160 knopen en bij die snelheid kon een zwaluw de voorruit verbrijzelen. En nog wel meer. De resten van het arme beest konden de piloot fataal worden als ze hem in het gezicht raakten.

Hij liet de snelheid zakken tot 110 knopen, met de vleugelkleppen een beetje uit voor de stabiliteit, en maakte zich op voor een steile klim, voor het geval hij tijdelijk buiten westen zou raken. Zijn medereizigers waren onkundig van zijn zorgen en toen hij hun vroeg een hand voor het gezicht te houden, leken ze het niet te begrijpen. In elk geval bracht híj zijn hand omhoog, maar hij bespeurde enig ongeloof bij hen. De enige die zijn voorbeeld volgde was de man in de stoel van de co-piloot. Om een of andere aerodynamische reden was zijn kant van de voorruit niet zo besmeurd met insecten en hij zag de vogels maar al te goed terwijl ze op hen af kwamen cirkelen. Hij deed zijn vingers uit elkaar en was overdonderd door het spektakel dat hij zag. Hysterisch volgden die vogels hun instinctieve drang naar voedsel. Ze leken zelfs tegen elkaar aan te vliegen, maar op een of andere manier wisten ze het vliegtuig te vermijden. Dit kon zo niet door blijven gaan, hij wou dat hij in een eenmotorig toestel zat. Dan zou er tenminste nog een kans zijn geweest dat de propeller dat kleine grut aan stukken zou hakken voordat ze tegen de voorruit sloegen.

Na pakweg vijf minuten verdween zijn bezorgdheid en hij was zelfs begonnen met tellen hoeveel vogels er ongeveer in de lucht waren. Boven, onder, rechts, links, de lucht was er vol van. Die vijf minuten leken een eeuwigheid te duren en het leek er niet op dat God ooit een maximum had gesteld aan het aantal zwaluwen dat in het luchtruim mocht zijn.

Het moesten er miljoenen zijn, minstens. Latere berekeningen op basis van zijn aankomst in Lagos toonden aan dat hij ver onder het ware aantal zat. En ze bleven maar komen. Maar geen ervan kreeg een botsing. Afgehouden van zelfdestructie door een soort instinct, een bovennatuurlijke vorm van zicht, een hypergevoeligheid voor de geringste verandering in de luchtstroom, als voorbode van een object dat met hogere snelheid naderde dan zij. En tegelijkertijd voorkwamen ze dat hij en zijn passagiers hun bekomst kregen.

Met zijn hand nog steeds voor zijn gezicht begon hij alles om zich heen wat vriendelijker te zien. Daarbij probeerde hij de schepping van een diepere betekenis te voorzien die niet echt strookte met de oorspronkelijke gedachte dat Zijn schepsels geacht werden om elkaar naar het leven te staan. Een mooie gedachte, uiteraard, en een goede voorbereiding voor zijn ziel in geval die plotseling zijn lichaam zou verlaten. Maar hoe moest dan het feit worden verklaard dat al die insecten het tegenovergestelde deden? Die bleven zich maar te pletter vliegen tegen dat vreemde metalen ding in hun midden.

Inmiddels kon hij bijna niets meer zien, het was een complete muggenslachting. De vogels flitsen nog steeds langs de zijraampjes, maar het leken er minder te worden. De passagier in de stoel van de co-piloot kon dat bevestigen en hij liet zijn hand zakken ten teken van die positieve ontwikkeling. Hij had het gevoel dat hij dat ook moest doen, maar hij ontspande pas volledig toen hij er zeker van was dat ze het jachtterrein van de zwaluwen achter zich hadden gelaten. Nu voelde hij zich meer op z'n gemak, en terwijl hij steeds opgetogener werd begon hij tegen zijn passagiers te praten, enthousiast omdat het gevaar, of althans zijn gevoel dat er gevaar had gedreigd, voorbij was. Op gedragen toon betoogde hij dat vogels uitstekend zijn uitgerust om botsingen in de lucht te vermijden, dat alles en iedereen in de lucht waarlijk en objectief een eenheid vormden en dat het misschien inderdaad zo was dat er harmonie bestond in de wereld als geheel.

De onthutsing op de gezichten in de cabine zette hem weer met beide voeten op de grond en hij besloot dat hij maar beter kon zwijgen. Toen hij zijn oorspronkelijk kruissnelheid van 160 knopen weer had bereikt, merkte de passagier naast hem op dat hij recht voor zich één eenzame zwaluw zag. Hij was dankbaar voor deze mededeling die hem weer naar de realiteit terugbracht, en hij zei dat dat geen enkel probleem zou opleveren. Die vogel kwam van dezelfde vliegschool als degene die ze net achter zich hadden gelaten, haha.

De klap was ontzagwekkend en het toestel slingerde lichtjes naar links. Hij zag hoe aan het uiteinde van de vleugel een rode substantie langzaam naar achteren werd gesmeerd, vanaf een punt dat leek op een stuk gerafeld aluminium. De koude rillingen liepen over zijn klamme rug, overal voelde hij kippenvel, hij zag het op zijn blote armen.

Eenmaal terug op het vliegveld van Lagos zaten er nog steeds een paar veertjes aan de rand van een fiks gat dat in de voorkant van de vleugeltip was geslagen. Toch niet dezelfde vliegschool, mijmerde hij, de natuur was toch niet zo harmonieus. Behalve dan misschien dat deze arme ongeschoolde zwaluw uit eerbied heel vriendelijk een vleugel had verkozen voor zijn harakiri, in plaats van de voorruit met daarachter het gezicht van de piloot.

Dat gold niet voor de steenarend die naar verluidt in de Italiaanse Alpen op grote hoogte een zweefvliegtuig zou hebben aangevallen en daarbij door de koepel achter de piloot was geslagen. Daarbij had hij zichzelf natuurlijk om zeep geholpen en de piloot, die aan het genieten was van de rust en de stilte die wreed werden gestoord, de stuipen op het lijf gejaagd. Hoe men het ook bekeek, het was zonder meer een aanval geweest. Er was in de lucht ook sprake van niet-menselijke agressie. Hadden vogels daardoor ook iets menselijks?

Hij was tijdens het vliegen nog nooit een adelaar tegengekomen. De grootste vogels die hij had gezien waren ooievaars, maar die gedroegen zich als gevederde 747's. Altijd geddisciplineerd, altijd schijnbaar vliegend op een vooraf vastgestelde route, hoewel het soms leek te eindigen in eindeloos rondcirkelen.

De enige roofvogel die hij bewust had opgezocht was een keer boven een heuvellandschap, heel, héél erg hoog. Die zomermiddag was het windstil geweest en de buizerd leek bevestigd aan een denkbeeldig horizontaal vliegend vliegtuig hoog boven de grond, dat de ene volmaakte cirkel na de andere maakte. Zonder zelfs ook maar het gerucht van wiekslag, voor zover hij kon uitmaken. Alleen de grote veren aan het uiteinde van zijn vleugels regelden zijn balans en stuurden bij in de kleine luchtturbulenties waar hij doorheen vloog. Het was moeilijk voor te stellen dat het dier alleen maar zijn instinct volgde of zijn drang om voedsel te zoeken.

Hij gaf er de voorkeur aan zich voor te stellen dat de buizerd zich volledig bewust was van de gelukkige omstandigheid dat hij vleugels had om zichzelf op eigen kracht door de lucht te bewegen, dat hij in staat was de lucht om zich heen aan te voelen zodat hij er ten volle gebruik van kon maken en de lucht volledig ten dienste van hem stond. Tegelijkertijd was hij zich ervan bewust dat de muis die daar beneden in het gras op de heuvel verstopt zat de situatie wat realistischer kon inschatten. Hoe dan ook, hij was blij dat hij er geen getuige van was dat de buizerd helemaal ineengebogen voor een aanval naar beneden dook, en hij bleef op grote afstand lekker rond hem cirkelen.

De buizerd leek zich niet te storen aan de aanwezigheid van dat tamelijk grote en lawaaiige ding dat soms bij zijn rechtervleugel zat en dan weer aan de overzijde van de cirkel waar je, als in een luchtgevecht, neer kon kijken in de cockpit van de ander. In dit geval de achterzijde van de kop van de buizerd. De vogel bleef het landschap in de diepte afspeuren en keurde hem geen blik waardig. Totdat hij erin geslaagd was zijn snelheid zo te regelen dat hij voortdurend bij de rechtervleugel van de vogel zat, alsof ze aan dezelfde lijn bevestigd waren. Dit leek de vogel bijzonder te storen. Hij begon in grilliger patronen te vliegen, hij keek niet meer naar beneden en zijn gebekte kop wierp duidelijk een blik naar achteren in de richting van die vreemde indringer in het stuk luchtruim dat hij die middag had uitgekozen.

Hij had het gevoel dat hij te ver was gegaan. Het was beter het hier maar bij te laten en de buizerd niet meer dwars te zitten bij zijn exercities. Hij veranderde van richting en merkte dat de vogel hetzelfde idee had gehad. Half weggedoken in zijn verendek maakte hij een mooie *wingover* en dook naar beneden. Dit keer niet in de richting van een prooi, maar naar geringere hoogte, waar hij zijn grote duiksnelheid omzette in een snelle vlucht voorwaarts, ongetwijfeld naar een ander stuk luchtruim waar hij zijn volmaakte, moeiteloze cirkels weer zou hervatten.

De ganzen waren aan het migreren. Op 4.000 voet boven de Zeeuwse eilanden, met koersrichting zuidwest langs de Noordzeekust, kwam hij een vlucht tegen. Hij bevond zich iets lager en begon snelheid terug te nemen, zodat hij ze niet inhaalde. Zijn VW-aangedreven Fournier-eenzitter was bij lage snelheid nog steeds prettig wendbaar en hij bleef op een kleine 100 meter afstand net onder ze vliegen. Ze golfden zwierig in hun gebruikelijke V-formatie en hij telde er ruim twee dozijn. Twee squadrons jachtvliegtuigen die een pleziervluchtje maakten. Hij zag hoe de in formatie vliegende ganzen voortdurend om zich heen keken, en zelfs naar het geografische patroon van eilanden en water daar beneden.

De formatie vertoonde enige nervositeit toen hij wat dichter langszij probeerde te komen. Ongetwijfeld waren ze aan het gakken. Hij kon het natuurlijk niet horen, maar hij zag wel de beweging van hun snavel. Maar natuurlijk hoorden zij hem wel, want ondanks de teruggenomen snelheid liep hij op ze in en de VW-motor pruttelde er lustig op los. Ze hoefden zich geen zorgen te maken, leek hem. Ze waren ongetwijfeld gewend aan meer heisa en geluid vanaf de grond of wanneer ze zwommen in kanalen of meren in de nabijheid van wegen.

Maar misschien was het dat onnatuurlijke, meeuwachtige fenomeen dat ze enigszins van hun à propos bracht. In elk geval nam de nervositeit toe naarmate hij dichterbij kwam. Hij besloot naar rechts te gaan en op dezelfde hoogte te gaan vliegen. De formatie kwam weer tot rust toen hij zijn nieuwe positie had ingenomen. Maar het was duidelijk dat ze hem in de gaten hielden. De kopjes draaiden geregeld in zijn richting en ongetwijfeld communiceerden ze op hun eigen golflengte over deze ongebruikelijke verschijning die ze nooit te zien hadden gekregen toen ze vroeger les in vogelherkenning kregen.

Langzaam kwam hij dichterbij, zorgvuldig vermijdend om een onverwachte beweging te maken. Maar de vlucht ganzen had door wat hij van plan was. De twee ganzen die het dichtst bij hem waren bogen af en sloten weer aan bij het bakboordechelon, ongetwijfeld gerustgesteld omdat ze zich nu het verst van die indringer bevonden. De leider stuurde de formatie ondertussen naar links op een nieuwe koers die hijzelf ook probeerde aan te nemen. Zijn bewegingen waren echter niet soepel genoeg.

Wat zij daaruit afleidden, kon hij alleen maar raden. Ongetwijfeld gevaar. Maar welk? Gevaar van een onbekende agressor? Hij hoopte van niet. Hij verkoos het om te denken dat de leider, zoals het een goede leider betaamde, de leden van zijn formatie niet wenste bloot te stellen aan de afgrijselijk slechte vliegkunst van een buitenstaander. Wat ook de onderliggende reden was, hij zag hoe de leider zijn kop bewoog en zijn snavel opende, waarop de hele dubbelformatie brak. Ganzen gingen in alle richtingen, naar verschillende hoogten, en opeens ging hun rustige migratiesnelheid over in een snel en behendig wieken met bijbehorende bochten en zwenkingen, terwijl ze stuk voor stuk om zich heen keken.

Hij schoot weg en bleef op afstand. Inmiddels vlogen de ganzen weer allemaal dezelfde richting op, maar zonder een spoor van een vloeiende en efficiënte formatie. Hun vleugels zwoegden echt. Langzamerhand leken ze echter weer enigszins tot rust te komen in het besef dat het gevaar voorbij was. Een paar begonnen zich alweer in kleine groepjes samen te voegen, die langzamerhand in fragmenten van een formatie overgingen. Er diende zich een leider aan. Hij kon niet zien of het dezelfde van daarvoor was, maar deze vogel gaf op een of andere manier blijk van autoriteit. De anderen reageerden, nog altijd om zich heen kijkend, duidelijk door de plaats die hun blijkbaar was toegewezen in te nemen. Een uiteengevallen formatie jachtvliegtuigen kon zich niet sneller hebben hersteld.

Een iets kleinere gans nam de derde positie aan stuurboord in. Zoals later zou blijken, een ietwat onervaren vrouwtjesgans. Een die werkelijk niet wist waar ze het moest zoeken toen de formatie uiteenviel. Zo snel mogelijk had ze zich bij de eerste de beste aangesloten. Nu werd ze omsloten door andere, duidelijk meer ervaren dieren en voelde ze zich als het ware meegevoerd door hun ervaring en techniek. Maar het was wel duidelijk dat nummer drie aan stuurboord niet alleen maar keek naar nummer twee waarop ze zich moest richten, maar af en toe ook naar achteren probeerde te loeren. Ze vertrouwde overduidelijk de omgeving niet waarin ze terecht was gekomen na de plotselinge verschijning van dat enorme gevleugelde witte ding dat zo'n vreemd brommend geluid maakte.

Hij liet zich nu terugzakken in de blinde hoek van de formatie, lager en wat op afstand, zoals toen hij haar net was tegengekomen, waarna hij weer langzaam en behoedzaam begon te naderen. Hij wilde weten hoe dicht hij vanuit die positie in hun buurt kon komen. Twee echelons die aan de binnenkant bij de leider bij elkaar kwamen, met hemzelf als afsluiting. De *box position*, zoals het in dienst heette. Bij de eerste tekenen van een verstoring zou hij wegduiken; de ganzen zouden vanwege hun instinctieve neiging tot zelfbehoud naar links en rechts afbreken. Maar als hij slim en omzichtig te werk ging, dan zou er helemaal geen verstoring zijn. Daar was hij van overtuigd.

Hij ging steeds hoger vliegen, waarbij hij elke keer inhield wanneer hij merkte dat de formatie nervositeit en te veel beweging begon te vertonen. Hij was tot het uiterste geconcentreerd en voelde ook zijn eigen opwinding toenemen, maar tegelijkertijd was hij voldaan dat het vertrouwen van de ganzen blijkbaar toenam. Niet van allemaal, om volledig te zijn; nummer drie was ongetwijfeld zenuwachtig en concentreerde zich niet genoeg op de anderen maar keek in plaats daarvan steeds om, teneinde erachter te komen waar dat rare geluid vandaan kwam. Ze was duidelijk niet in staat hetzelfde vertrouwen op te brengen als waarvan haar collega's nu blijk gaven, hoewel haar onvaste koers de anderen ertoe had gebracht om meer afstand te nemen. Ook vogels houden niet van botsingen in de lucht.

Een vuiltje in de brandstofleiding liet het toestel even sputteren. Dat was de druppel die voor nummer drie de emmer deed overlopen. Ze wilde weg, ze wachtte niet op het eventuele signaal van de leider om de formatie te verbreken. Zo was migratie niet bedoeld. Als de anderen in een strakke formatie wilden wachten om in de pan gehakt te worden, dan moesten zij dat weten.

Het probleem was echter dat ze noch naar links noch naar rechts kon afbuigen, ingeklemd als ze was. Noch had ze genoeg ervaring om naar boven te schieten. Dus gaf ze het gewoon op. Ze wilde niet meer zien wat er om haar heen gebeurde. Ze schoot weg, ze ging er van tussen. Ze deed haar ogen stijf dicht en sloeg haar vleugels over haar kopje om zich af te schermen van wat er in die verschrikkelijke buitenwereld gebeurde, en liet zich gewoon vallen.

De piloot in de *box position* kon zijn ogen niet geloven. Daarboven, zo'n 30 meter verder nu, leek alles in slow motion te gebeuren. Hij zag hoe gans nummer drie haar vleugels opwierp en op een heel vreemde manier verder vloog, en aldus zonder opwaartse kracht als een baksteen uit de formatie leek te vallen. Als een baksteen loodrecht op zijn vluchtrichting. Hij week uit naar rechts door aan zijn stuurknuppel te trekken, maar de ineengedoken gans viel nog steeds naar hem toe. Hij was als verlamd, hij kon alleen maar toekijken. De grote gevederde bal zou hem niet frontaal raken, maar ergens in de buurt van zijn vleugeltip. En dit keer was het geen kleine zwaluw die het aluminium zou raken. In dat vertraagde tempo had hij alle tijd om te beseffen dat een vogel van die grootte en van dat gewicht zelfs bij een relatief lage snelheid een breuk in de vleugel zou veroorzaken.

Hoe dichter de bundel van boven naderde, hoe beter hij de details kon waarnemen. Een bal met ingetrokken platte poten zonder dat de kop en de nek zichtbaar waren, omvat door een paar vleugels. Hij voelde de achterkant van zijn hoofd tintelen en hoe de angst voor dat naderende projectiel kippenvel over

zijn hele lijf veroorzaakte.

De tijd leek nog meer te vertragen; hij zag duidelijk hoe bij de gans de veren rechtop in het kippenvel stonden, en hoe het dier de voorkant van zijn linkervleugel naderde en vervolgens wegzwiepte en in de luchtstroom over de vleugel wegschoot zonder die te raken. Toen begon de tijd weer op gang te komen en zag hij hoe het ding achter hem naar beneden tuimelde en toen, verder in de diepte, veel verder, zijn vleugels weer openvouwde. Parachute open, dacht hij.

De formatie boven hem vervolgde haar weg. De positie van nummer drie werd onbarmhartig ingenomen door een ander, terwijl nummer drie daar ergens in de diepte was, met weinig hoop dat ze haar collega's op deze reis nog zou kunnen achterhalen.

Hij had medelijden met nummer drie, maar rilde bij de gedachten wat een botsing voor gevolgen zou hebben gehad. En nummer drie zou ongetwijfeld hetzelfde denken. Sterker nog, toen hij door die angst overal kippenvel had gekregen, had nummer drie toen niet vol overduidelijk medegevoel hetzelfde gedaan? Wat anders was er de oorzaak van dat de veren rechtop stonden toen dat sappige kerstmaal in spe over zijn vleugel was gesuisd?

Wolken

Het probleem met Harry, de eigenaar van The Corkscrew, was dat hij je vaak enorm op de zenuwen kon werken. Hij wist het altijd beter. En om het nog erger te maken, had hij maar al te vaak gelijk. Toen zijn vader na afloop van de oorlog deze kroeg had gekocht, had hij hem vernoemd naar de Lancaster-bommenwerper waarin hij als radiotelegrafist had gevlogen. Weggestopt in zijn kleine compartiment achter zijn radioapparatuur zag hij niets van de buitenwereld en hij kon zich alleen maar voorstellen dat daar een heleboel verschrikkelijke dingen gebeurden. Zodoende had hij niet alleen onder angst geleden, maar ook onder de onverwachte maagoprispingen wanneer de piloot 's nachts boven Duitsland door nachtjagers werd aangevallen en gedwongen was allerlei gewaagde, kurkentrekkerachtige pirouettes uit te voeren. Een verbleekte foto achter glas van een Lancaster met onder de cockpit de afbeelding van een enorme kurkentrekker boven een fles met daaronder de bemanningsleden die voor hun toestel stonden, herinnerde jongere generaties eraan dat de naam van de kroeg niet alleen verwees naar de functie van dat uitermate nuttige horecagereedschap.

Met die zo toepasselijke benaming van zijn nering had Harry's vader wellicht gehoopt nare herinneringen uit te bannen. Zeer waarschijnlijk als gevolg van de verhalen van zijn vader, had Harry besloten om met beide voeten stevig op de grond te blijven. Ter compensatie van wat hij als een gebrek beschouwde, had hij een zeer gedegen kennis en inzicht ontwikkeld in zaken die de luchtvaart in het algemeen betroffen en was een soort amateurvlieggoeroe geworden. Maar die compensatie had hem, jammer genoeg, opgezadeld met een irritante pedanterie. Harry bedoelde het allemaal goed, daar bestond geen twijfel over, maar al te vaak vertoonde hij dat 'vertel mij wat'-kantje van 'm.

Behalve uit stamgasten uit het dorp bestond zijn klantenkring voor het grootste deel uit lieden die met allerlei baantjes hun geld verdienden op het vliegveld waarvan het platform pal naast het terras van The Corkscrew lag. En verder waren er na-

tuurlijk de leden van de plaatselijke vliegclub, plus een stelletje rijke figuren die een toestel huurden of in het benijdenswaardige maar gelukkige bezit waren van een eigen machine.

De oudere clubleden waren gekomen in de hoop – tegen beter weten in – dat het weer zou verbeteren. Optimisme kon, wist hij – of liever gezegd, hoopte hij – op wonderbaarlijke wijze negatieve omstandigheden beïnvloeden. Met die nogal onwetenschappelijke gedachte reed hij de parkeerplaats op terwijl hij de inderdaad dreigende wolken met zijn gedachten probeerde te verjagen. Of, als dat niet zou lukken, ze naar een hoogte te verbannen die vliegen mogelijk maakte. Hij had zo gehoopt dat het een mooie en heldere vliegdag zou zijn.

De bezoekers die op dat moment in The Corkscrew waren – het gros leden van de vlieggemeenschap – wekten voor de verandering een verveelde en slome indruk. Het was alsof de weersomstandigheden elk initiatief afremden, zo niet onderdrukten. Harry, als kastelein van The Corkscrew, stelde na een kennersblik op de hemel zijn kroeg voor als alternatief. 'Ik heb het jullie toch gezegd, barometer omlaag, vorstgrens omlaag, wind die aanwakkert, dauwpunt omlaag. Waardeloos weer, nimbostratus zeg ik, maar wat maakt het uit? Het is wel vaker zo. Niets nieuws. Dus als jullie niet vliegen, denk dan in elk geval aan mijn omzet. Neem maar van mij aan dat deze bewolking de hele dag zo zal blijven.' 'Ik zal jullie bestellingen graag opnemen,' voegde hij eraan toe.

Bij binnenkomst had het oude clublid de opmerkingen van Harry opgevangen, en diens pathetische oratie ergerde hem, maar tegelijkertijd frustreerde het hem omdat hij wist dat de uitbater van The Corkscrew waarschijnlijk gelijk had. Hij besloot dat hij het niet over z'n kant kon laten gaan. 'Harry, sla mij maar over. Voor mij geen drank. Wat weet jij nou van het weer, tenzij je het zelf hebt gemaakt, wat niet zo is. Het is altijd nog mogelijk dat de bewolking optrekt. Ik pak er wel eentje na mijn vlucht. Als je dan tenminste al niet dicht bent.'

Harry was niet te vermurwen. 'Het weer gaat niet veranderen, dat weet ik. Ervaring, weet je.' Hij begon over weerverhalen die zijn vader had verteld. Hij toonde zijn kennis van het weer in de streek en herinnerde zijn gehoor er nadrukkelijk aan dat je laaghangende bewolking beter kon vermijden. Echt een vlieggoeroe. 'Dank je, Harry, maar ik neem m'n eigen beslissingen wel. Ik hou eigenlijk nogal van wolken, ze hebben karakter, ze leven. En hoewel jouw zaken mij na aan het hart gaan, laat ik me het vliegen niet door de neus boren door jouw kurkentrekker. *Excusez le mot.*

Toen hij de pub verliet en over het platform slenterde, hoorde hij niet dat Harry tegen de anderen zei: 'Heel erg grappig, maar hij komt terug, je zult het zien. Ik wéét die dingen gewoon. Hij duidelijk niet.' Het oudere lid snoof de lucht op, wierp een blik op de grijze wolkenmassa daarboven en dwong zichzelf tot positieve gedachten. Hij liet zich de les niet lezen door een vlieggoeroe die, hoe hij ook zijn best deed, nooit lid zou worden van de broederschap en bovendien geen echte vliegervaring had. En zeker niet zoals hij die had. En hij wist meer over wolken dan wie ook – stond hij per slot van rekening niet bekend om zijn jarenlange ervaring? Hij had altijd al naar de wolken gekeken, was erdoor gefascineerd, vond het heerlijk om te zien hoe ze zich vormden, was geïmponeerd door hoe ze de hele lucht konden vullen. En net zo snel weer konden verdwijnen.

Als je goed keek, overwoog hij, als je heel geconcentreerd naar een wolk keek, als je naar binnen keek in die pluizige, of slierterige, of kokende, of kolkende massa waterdamp, als je in de ziel ervan keek, dan zou je je maar al te vaak realiseren dat de buitenkant ervan die ziel voor een deel weerspiegelde. En wanneer je dat eenmaal had ingezien, kregen wolken iets menselijks; niet meer geslachtloos, maar duidelijk vrouwelijk of mannelijk, en maar heel zelden onzijdig.

Soms zijn ze als kleine kinderen, pluizig en bollig, en doen ze net of ze een kudde schapen zijn. Heel erg hoog, waar je zult merken dat ze eigenlijk bestaan uit minuscule ijskristallen, lijken ze kalmpjes op weg naar een of andere onbekende ont-

moetingsplaats. En soms, vooral in de lente, in een namiddagbriesje, kunnen er meisjes, jonge meisjes nog, aan de horizon verschijnen. Nog onschuldig en onkundig van de vervelendere dingen waar de hemelen voor kunnen zorgen. En vlak voor zonsondergang experimenteren ze met rouge en lipstick, waardoor ze er tegelijkertijd ridicuul en ontwapenend uitzien. En wanneer de zon helemaal is ondergegaan, nemen ze gegeneerd hun make-up af en vegen zichzelf schoon totdat ze een nauwelijks te onderscheiden grijze kleur van leisteen hebben, het grijs van het levenseinde waarvan zelfs een jonge wolk moet weten dat het haar uiteindelijk lot is.

Jonge, bruisende en zich ophopende wolken snellen door de lucht als een stel jongelingen op weg naar een gezamenlijk spel, waarvan de geheime regels alleen bekend zijn aan die jongelingen zelf. Ze duwen en trekken niet, maar allemaal proberen ze op hun eigen manier aan de wereld te laten zien dat wanneer je geduld hebt, je op een dag een enorme wolk zult zijn die hoog boven alles uittorent, zijn kroost beschut in zijn schaduw. En als de Schepper van alle wolken dat zou toestaan, dan zou je op een dag zelfs kunnen verschijnen als een stierachtige cumulonimbus, de vader aller wolken.

Toen de neven en nichten eenmaal waren weggestuurd, kwamen de baboesjka's voorbij alsof ze naar de markt gingen, waarbij ze net genoeg onderlinge afstand hielden om elkaars waardigheid niet in de weg te zitten en om andere wolkenformaties op afstand te houden. Hun collectieve eigendunk staat niet toe dat buitenstaanders zich vertonen. Anderen weten wanneer het marktdag is en dan hebben de baboesjka's het rijk voor zich. Jonge cavalerieofficieren die hun troepen gelikt laten paraderen, kunnen op dezelfde manier het terrein opeisen en in beslag nemen. Rij na rij, allemaal eendere uniformen en hoeden met veren, in huppelpas van de ene horizon naar de andere. Zonder zich te realiseren dat ze wanneer ze zouden worden opgeroepen voor de oorlog, allemaal hun ijdele pronkzucht en vertoon zouden verliezen en onstuimige, lompe, grove wolken zouden zijn, zonder dat er iets overblijft van dat paraderen of van die malle fratsen.

Grijsachtige wolkendekens hebben geen uitgesproken persoonlijkheid; die is onderweg verloren gegaan. Maar een ziel hebben ze nog wel. In beginsel zijn ze vriendelijk van aard. Ze geven een gevoel van bescherming. Het aangename gevoel van een net aangestoken open haard in huis, zelfs van mogelijke sneeuwval, van een rustige en kalme lucht. Hoewel de hele deken natuurlijk voortbeweegt volgens patronen die worden opgelegd door nog veraf gelegen weersystemen, wekken de rust en kalmte die hij verleent de indruk dat de tijd stilstaat. De natuur kan alleen maar reageren met vriendelijkheid en warme gevoelens; waarschijnlijk is dat het uitgelezen moment om mooie en harmonieuze nakomelingen te verwekken.

Het onder de deken in kalme lucht vliegen lijkt de vleugels en romp extra gladjes te maken. Wanneer je er dicht onder kruipt en naar zijn grijze en onschuldige textuur kijkt, kun je van beneden zijn golvende loop volgen. Vervolgens stijg je een paar honderd meter door het wolkendek naar boven, waar het zonlicht plotseling losbarst over de golvende vlakten en weidsheid van oogverblindende sneeuw. Laagvliegen op z'n mooist. Af en toe langs de wolk scheren en hem aanraken, erin verdwijnen, scherp wenden om te zien of de lagere vleugeltip echt vager wordt in de wolk terwijl je zelf in de cockpit nog in het volle zonlicht zit. Laat staan het uiteinde van de hogere vleugel, dat glanst door het weerkaatste licht van de wolk daaronder. En het summum van geluk is wanneer je dat alles deelt met een ander toestel. Elkaar achterna zitten als jonge honden. De sensatie van echte snelheid, waarbij elke bocht en zwenking perfect wordt gevolgd door de ander. Een fantastische ervaring, die je niet kunt uitleggen aan degenen die geen deel uitmaken van de broederschap.

En dan heb je de nietszeggende wolken. Zoals vandaag. Zoals de nimbostratus van Harry. Geen persoonlijkheid, geen vorm. Eigenlijk niets. Niets actiefs of eigens. Rommelig en onverzorgd, met stukjes en beetjes achter zich aan. Echt lelijk. Geen eigen karakter. Niets anders dan het resultaat van dorre en rechtlijnige wetenschap, van cijfers over thermische temperatuurveranderingen, over lagedrukgebieden, over de vorstgrens en wat voor andere esoterische parameter het meteorologische instituut ook over je uit mag storten om je duidelijk te maken waarom je slecht zicht zult hebben, waarom je vorst mag verwachten op onverwachte hoogten, waarom de windrichting aanzienlijk zal veranderen wanneer je in dat spul omhooggaat.

Allemaal wetenschappelijke, onpersoonlijke uiteenzettingen à la de hoogdravende Harry, die je niet hoeft te weten en niet wilt weten. Waarom vertellen ze je niet eenvoudigweg dat het stom zou zijn om de hoogte in te gaan met jouw beperkte instrumentarium en nog beperktere vliegkunst. Waarom vertellen ze je niet eenvoudigweg dat je niet verbaasd moet zijn dat je op 150 meter wordt gegrepen en verblind, ook al bevindt de onderkant van het wolkendek zich op 250 meter. Misschien maar een kort moment, als je geluk hebt. Maar dat moment zou best wel eens tien à vijftien seconden kunnen duren.

Genoeg om je doodsangst aan te jagen en je ervan te doordringen dat, ondanks je onovertroffen *savoir-faire* wat betreft laagvliegen op madeliefjesniveau bij helder weer, 150 meter met dat verschrikkelijke onpersoonlijke spul om je heen gelijk staat aan het noodlot, dat het veel en veel te laag is. Eigenlijk precies wat Harry net op zijn gebruikelijke bekrompen, aanmatigende manier had gezegd.

Het was maar beter om aan de grond te blijven, op zijn schreden terug te keren en wat te gaan drinken. Franse leden van de broederschap noemen het *heures de ciment*: even afkoelen op het betonnen platform. Voor je eigen bestwil, zo niet voor die van de kastelein van The Corkscrew. Laat-ie de kolere krijgen.

ACH, EEN OOIEVAAR TE ZIJN...

Hij rolde over de taxibaan, parallel aan de hoofdbaan, naar het gedeelte waar hij zich gereed zou maken voor het opstijgen. Terwijl hij nog een aantal checks in de cockpit uitvoerde, besefte hij hoe overdreven veel navigatiehulpmiddelen en technische foefjes hij meenam voor iets wat hij aanvankelijk allemaal als een soort plezierVluchtje had gepland. De luchtverkeersleiding had hem genoteerd voor een korte vlucht in de omgeving, maar zelfs daar was hij niet zeker van. Wat hij wel zeker wist, was dat hij niet van A naar B ging vliegen en weer terug. Geen navigatie. Hij was geen buschauffeur. Maar aan de andere kant had hij nog niet besloten hoe groot die omgeving van zijn vlucht zou gaan worden.

Hij had op die mooie en veelbelovende zaterdagochtend nogal getreuzeld om op te staan. Plannen om te gaan vliegen had hij niet. Niet dat hij er geen zin in had. Integendeel. Maar tijdens de late postronde op vrijdag was zijn maandelijkse bankafschrift bezorgd, waarop zijn periodieke alimentatiebetaling prominent – althans in zijn ogen – stond vermeld. Hoewel hij inmiddels wel gewend was aan wat hij beschouwde als een permanent lek in zijn financiële boekhouding, stoorde het hem elke keer weer wanneer hij werd geconfronteerd met de humorloze en weinig kiese mededeling die zijn bank hem aan het eind van elke maand deed. Hij moest gewoon ergens op beknibbelen, dat wist hij maar al te goed. En evengoed wist hij dat die alimentatie, voorlopig althans, onontkoombaar was.

Misschien moest hij beknibbelen op zijn vliegpleziertjes, zoals enkele van zijn met weinig verbeeldingskracht gezegende vrienden hadden geopperd. Natuurlijk hadden ze gelijk, maar er moest toch een compromis mogelijk zijn? In elk geval blijven vliegen, maar dan moest hij het maar houden bij de goedkopere toestellen van de vliegclub. En ook, het belangrijkste, niet toegeven aan de verleiding om aan het eind van een heerlijk uur vliegen er nog een kwartiertje aan vast te plakken. Een flinke jongen zijn, die wist wanneer hij nee moest zeggen. Of, als dat een te abrupte en wrede opgave was, op z'n minst weten wanneer het genoeg was. Het diende gezegd dat hij een tijdje had geprobeerd om deze koers te varen teneinde zijn uitgaven weer een beetje op orde te krijgen.

Maar daar kwam de verleiding, geslepen als ze was, weer om de hoek kijken. Het weer was te mooi om niet de lucht in te gaan en daarmee alleen de bankdirecteur een plezier te doen. Maar nee, hij moest een flinke jongen zijn. Geen, ik herhaal geen plannen maken om te gaan vliegen. Abstinentie geeft je het gevoel een beter mens te zijn, zegt het boek der boeken. Maar de Schrift vermeldt niet dat het ongepast zou zijn om naar de vliegclub te gaan. Dus dwong hij zich om zelfs niet eens naar zijn telefoon te kíjken. Maar gesterkt door zijn inmiddels voorgenomen onthouding, voelde hij zich stevig genoeg in zijn schoenen staan toen hij op weg ging naar de vliegclub. Hij ging er alleen maar even langs. Even wat kletsen met een paar vrienden, waarom niet? En misschien een biertje. Dat was de beste manier om te voorkomen dat hij zou worden verleid. Want bij alles wat hij verkeerd had gedaan in zijn leven, had hij er nooit een seconde aan gedacht om te gaan vliegen met een slok op.

Het werd hem gemakkelijk gemaakt, op een bepaalde manier althans. Op de club hoorde hij dat er maar één toestel beschikbaar was. Aan de andere kant, de club was tamelijk leeg: geen drinkgezelschap.

'Ze zijn allemaal weg,' zei de vrouwelijke piloot van dienst,

'ze zijn allemaal voor een dagje uit naar de graslandingsbaan aan de rivier. Geen landingskosten, begrijpt u, en bovendien een goede training voor degenen die harde grond en gras niet prettig vinden. Maar u kunt Papa Alfa Delta meekrijgen als u wilt vliegen. Zo lang als u wilt. Ze is volgestouwd met elektronische navigatieapparatuur en met die gps van tegenwoordig is het dik voor mekaar.'

Een rib uit z'n lijf, zeker weten. Papa Alfa Delta – met z'n intrekbare landingsgestel en verstelbare propeller – werd meestal gebruikt door clubleden die graag 747-piloot wilden worden, en dan was het echt een goede keuze. Wanneer alle elektronica werkte, kon Alfa Delta worden beschouwd als een relatief goedkoop oefentoestel. Relatief goedkoop, dat wil zeggen voor degenen die een goedbetaalde baan op het oog hadden in de vliegwereld. Maar ongetwijfeld minder goedkoop voor het gewone, nuchtere vliegen-is-leuk-clublid. Een prijs die 50 procent hoger ligt, betekent een aanslag op de portemonnee.

'Ik weet dat je al die toeters en bellen geweldig vindt, ik weet dat je ooit de beste vrouwelijke civiele piloot hier wilt worden, maar echt, ik heb dat spul allemaal niet nodig, zeker vandaag niet. Bovendien is de belettering van die gps – als ik al wist hoe ik dat moest bedienen – zo minuscuul dat ik een gevaar in het luchtruim word als ik daar in de cockpit mijn hoofd over moet breken om te weten waar ik me bevind.'

En dan de eerste stap op het hellende vlak: 'Luister, als ik beloof dat ik al dat dure spul niet aanraak, krijg ik haar dan voor de prijs van de andere? Moet ik het dan zwart op wit aan je laten zien dat ik bepaalde regelmatig terugkerende uitgaven heb waar ik niet onderuit kan?'

Uit haar lach kon hij opmaken dat hij het kon vergeten. Die beslissing kon zij natuurlijk niet nemen. Maar ze hoefde het hem vervolgens niet in te wrijven. 'Wat u in het verleden in uw privéleven heeft gedaan, doet er voor de financiën van de club niet toe. U bent vroeger gewoon te hebberig geweest.

Een pittige alimentatie vanwege een scheiding? In plaats van te klagen kunt u beter uit de buurt blijven van vliegtuigen en het vliegen er maar helemaal aan geven.' Als hij ooit nog eens zou hertrouwen, dan zou hij nooit een poging bij haar doen. Heel vriendelijk dank.

Het was natuurlijk verstandig geweest om de raad van het meisje op te volgen, maar hij voelde zich uitgedaagd. Als hij niet ging vliegen, dan was dat zíjn beslissing. Helemaal van hemzelf, zonder dat wie dan ook hem een wijze raad gaf. Zijn gedachten begonnen te malen. Het advies was impertinent, hij

hoefde het niet op te volgen – hellend vlak weer – en hij moest constructiever zijn in het oplossen van zijn financiële problemen. Dus ergens anders op beknibbelen en blijven vliegen. Maar waken voor te hoge kosten. Dat kon maar al te gemakkelijk gebeuren. Net zoals verleid worden om toch nog een kwartiertje langer in de lucht te blijven. En zijn vriend en piloot, de oude dokter, vaker in Papa Alfa Delta meenemen op een navigatievlucht, om alleen maar te doen alsof ze een echte, professionele bemanning waren met een opdracht. En natuurlijk de kosten te delen. Zelfs afgezien van het feit dat Papa Alfa Delta weliswaar kon vliegen met een lekker gemiddelde van 140 knopen, zou de bespaarde vliegtijd in vergelijking met de andere, langzamere en goedkopere toestellen van de club nooit opwegen tegen de extra huurkosten.

Hij verjoeg die financiële hersenspinsels uit zijn gedachten. Het was een mooie dag, de bewolking was gebroken en er was bijna geen wind. Op elke hoogte zou het vliegen een makkie moeten zijn. Hij was vastbesloten om er eens lekker van te genieten, ook al zou solo vliegen een financiële aderlating betekenen. Maar hoewel die drie onbezette stoelen en veel te veel elektronische foefjes in de Papa Alfa Delta weggegooid geld betekenden, garandeerde een lichter toestel zonder het zinloze en vaak vervelende gebabbel met andere passagiers een onbezorgde doe-waar-je-zin-in-hebt-vlucht. Natuurlijk moest hij streng zijn wat betreft dat extra kwartiertje aan het eind van het *uur. De druppel die de emmer doet overlopen. Weten wanneer hij moest stoppen.*

Om het toestel lopen, de olie controleren, tegen de banden schoppen, de brandstof controleren, leidingen controleren, even aan de *stall warning lip* zitten, in de linkerstoel gaan zitten, de riemen van de andere drie stoelen aantrekken, een eerste controle van de instrumenten nadat je de motor hebt gestart, vrij baan krijgen van de verkeerstoren, naar de jou toegewezen plaats naast de startbaan rollen en diep en tevreden ademhalen als een vrij man.

Een 747 op een chartervlucht, de enige van dat type dat tijdens het toeristenseizoen van zijn vliegveld gebruik maakte, hield de startbaan bezet, klaar om op te stijgen. Hij hoorde hoe de piloot ervan op de toestemming om op te stijgen van de verkeerstoren antwoordde: 'Ik denk dat ik nog even wacht. Er zit een of andere enorme vogel in het veld ten noorden van de baan en het lijkt erop alsof hij hierheen gaat komen.' 'Roger,' kwam de verkeerstoren door, 'we zien hem ook, het is een oude bekende, een grote papa-ooievaar die er blijkbaar van houdt om naar vliegtuigen te kijken, grote vliegtuigen als dit, die opstijgen. Je mag opstijgen wanneer het je goeddunkt.'

Hijzelf had de ooievaar nooit eerder gezien, maar nu zag hij hem loom boven de velden ronddraaien, zonder dat hij de indruk wekte onmiddellijk naderbij te komen. De captain van de 747 moest tot dezelfde conclusie zijn gekomen, want hij liet de verkeerstoren weten dat hij ging opstijgen, waarna hij aan zijn start begon. Straalmotoren die stof opwierpen, wielen van landingsgestellen die begonnen te rollen, eerst langzaam en toen duidelijk versnellend. Kleine wielen, allemaal naast elkaar. Meer kleine voetjes onder dat enorme monster. Als de pootjes van een duizendpoot met daarboven het verkeerde lijf. De vleugelkleppen half naar buiten in de klimpositie, de neus die omhoog kwam, rotatie, de achterzijde van de romp die níét over de startbaan schraapte (iets wat hij altijd verwachtte te zien gebeuren), dan het wonder van dat enorme metalen gevaarte dat sierlijk, ja, sierlijk, de lucht in ging en begon te stijgen. Zo op het oog te steil, maar hij wist dat alles volgens de regels verliep. Doordat men zich gedisciplineerd hield aan de checklist. Maar de voortdurende klim zag er nog steeds onnatuurlijk uit. Alleen de grootte van het toestel al wekte de indruk dat het met te lage snelheid klom, alsof hij maar net boven zijn overtreksnelheid uitkwam.

Maar hij wist dat het in werkelijkheid correct en rustig z'n snelheid opvoerde, tot ver boven de grens waaronder vliegen gevaarlijk kon zijn. En dan te bedenken dat al die tonnen metaal, kerosine en menselijk vlees niet omhoog werden genomen door de lucht die onder de vleugels door stroomde, maar door de afname in druk boven de vleugel die werd veroorzaakt door de toename van de snelheid waarmee de lucht eroverheen ging. Dat kon hij zich nog herinneren van de vliegschool. Een zekere meneer Bernoulli had dat principe lang, heel lang geleden ontdekt.

Hij stond nog altijd te wachten op toestemming om de landingsbaan op te rijden, en intussen merkte hij dat de ooievaar tijdens de start van de 747 het vliegveld was genaderd en had besloten de startbaan dwars over te steken. Het leek inderdaad wel of hij had toegekeken bij het vertrek van de 747; de lange snavel aan het uiteinde van de lange nek wees in de richting van de grote metalen vogel die in de hoogte klom. Van waar hij zich bevond zag hij hem op zo'n vijftien meter voorbij zweven. Hij bewoog zijn vleugels nauwelijks; ook hij werd gedragen door de wetmatigheid van meneer Bernoulli. Alleen zijn lange, gevederde, vingerachtige slagpennen bewogen. Ze trokken samen, spreidden en trokken dan weer samen, terwijl de ooievaar exact op dezelfde hoogte bleef, alsof de vleugels hypergevoelige rolroeren waren. De vogel strekte zijn kop en snavel, en hij zag hoe dat gedeelte van het dier voortdurend in een horizontale positie bleef. Het lijf zelf had een enigszins andere positie aangenomen en ging op en neer, terwijl zijn vleugels zich voortdurend aanpasten aan de veranderende luchtstromen rondom.

Maar er was natuurlijk een heel eenvoudige reden voor, bedacht hij. Daar helemaal vooraan, aan het uiteinde van die lange, lange nek, daar zat de cockpit. Op een plek waar de beweging minimaal is. Want in die kleine cockpit daar vooraan zaten twee kleine piloten, stelde hij zich voor. Ieder met z'n eigen observatiekoepel met een geweldige zicht, van de oranje snavel tot het tipje van de vleugel aan de zijkant. Zoals een Concorde, maar dan wat langzamer, natuurlijk.

Geen wonder dat hij toekeek, of liever gezegd, dat de twee kleine piloten toekeken hoe de 747 opsteeg. Hoewel hij geen snavel had zoals zijzelf – of de Concorde, in zekere zin – zagen ze dat die metalen 747-vogel zijn cockpit ook helemaal vooraan had. Er bovenop zelfs. En het was hem duidelijk dat de ooievaar wel moest hebben ingezien dat er daar boven ook twee piloten naast elkaar zaten. Net zoals in zijn eigen kop. Het is precies hetzelfde, vogel of vliegtuig. Hoewel de cockpitraampjes van de 747 onnodig gecompliceerd leken. Althans, in de ogen van de ooievaar.

Hij keek toe hoe de ooievaar in haakse hoeken naar de startbaan vloog, terwijl hijzelf zijn voorbereidingen voltooide. Hij kreeg van de verkeerstoren toestemming om op te stijgen. Hij draaide de startbaan op en schoof het gas ditmaal heel rustig open, alsof hij zijn aanloop wilde verlengen. Op deze manier, stelde hij zich voor, zou een geleidelijke en harmonieuze overgang van het op aarde zijn naar het door eigen vleugels gedragen worden meer in overeenstemming zijn met de elegantie en de subtiliteit die zowel de 747 als die prachtige vogel had vertoond. Een barbaarse, agressieve, rampetamp-open-dat-gas-en-vliegen-maar-start zou niet conform de bijna psychedelische geestesgesteldheid zijn geweest die hem langzamerhand in de greep kreeg. In zijn ooghoek kon hij de ooievaar nog zien, bezig met zijn eigen sierlijke bewegingen.

Hij steeg dus heel rustig op. De startbaan was lang genoeg voor hem. Terwijl hij vooruit schoot merkte hij dat hij geen duizendpoot was zoals de 747, met al die rollende voeten onder zijn grote buik, maar hij voelde heel duidelijk hoe de twee wielen van zijn onderstel en het neuswiel steeds sneller gingen draaien. Toen zijn neuswiel loskwam van de landingsbaan begonnen zijn vleugels opwaartse druk te geven en al snel reageerden zijn rolroeren, waarbij hij opzettelijk van één wiel naar het andere overhelde. Als een grote vogel die al klapwiekend voortrende. Zoals een ooievaar, eigenlijk. En net als de ooievaar steeg hij op, nadat hij nog een keer op zijn wielen had geschommeld. En zoals de ooievaar, die zijn poten introk voor een betere stroomlijning van zijn door de lucht gedragen lijf, zo trok hij zijn wielen in de daarvoor bestemde ruimtes in. Vogel of vliegtuig, het is allemaal hetzelfde.

Gedurende het opstijgen keek hij niet uit naar de ooievaar maar concentreerde hij zich op de startbaan en stelde hij het motorvermogen zo in dat hij voldoende snel klom zonder dat hij er al te veel door werd belast. Dat laatste was het belangrijkste en nadat hij de beoogde hoogte had bereikt draaide hij rustig in de richting van de rivier en zette koers naar de grasstrip zo'n 50 kilometer verderop waar de clubleden hun middag doorbrachten. Hij verliet de frequentie van de verkeerstoren en stemde af op een lokale radiozender die muzak uitzond. Hij was in een heel gevoelige stemming. Aan de navigatieapparatuur die tot zijn beschikking stond zat hij niet, precies zoals hij het meisje op het vliegveld had gezegd. Misschien had het feit dat hij getuige was geweest van dat tafereel met de ooievaar er wel iets mee te maken. Maar wat het ook was, hij liet zich heerlijk door de lucht meedragen. Zijn machine kon het rustig aan doen, hij nam gas terug tot een rustig gangetje en bij die snelheid zorgde de propeller voor een zacht brommend geluid als achtergrond bij de muziek waar hij via de koptelefoon naar luisterde.

Waar hij er normaal gesproken naar streefde om 'vooruit te navigeren', dat wil zeggen uit te kijken naar referentiepunten in het landschap, was hij er zich dit keer niet eens van bewust dat hij al zo ver gevlogen had toen hij plotseling boven het weiland zat. Hij kon zich niet herinneren dat hij die hele 50 kilometer al had afgelegd. Zoals het je in de auto overkwam op een traject dat je al heel vaak had gereden. Hij zweefde nog altijd lekker verder. Zelfs wat er zich onder hem op het gras afspeelde, kon hem niet echt boeien en zeker niet de behoefte in hem wekken waar hij altijd aan toegaf: laag overscheren. Hij bleef in gedachten verzonken. Gedachten veronderstellen hersenactiviteit. Hij liet zich alleen maar wiegen door het volgen van zijn gedachten. Heerlijk was dat.

Aan bakboord van het toestel zag hij een collega-zwever, die loom z'n vleugels bewoog en af toe naar beneden keek, duidelijk naar beneden keek naar wat er op het gras gaande was. Het was de ooievaar die had toegekeken hoe de 747 op het vliegveld opsteeg. Het verbaasde hem dat hij helemaal niet verbaasd was. De ooievaar leek heel bewust een verband te leggen tussen de ietwat vreemde bewegingen van die glanzende, niet-gevederde wezens en zichzelf. Het was alsof hij zich voor de eerste keer in zijn leven bewust was van iets buiten zichzelf. En hij begon zich op zijn beurt verbonden te voelen met de ooievaar. Alsof hij zich afstemde op de gedachtenfrequentie van de vogel. Hij begreep wat de ooievaar niet – nog niet – begreep. Dat hij en de vliegtuigen die rond het grasveld beneden rondzoemden, en dat wat in zijn buurt vloog en de 747 van even daarvoor, in wezen leden waren van dezelfde familie. Alleen hielden ze er andere gewoonten op na.

De vogel keek nu zijn kant op en naderde hem zelfs, zodat hij schuin achter hem kwam te vliegen. Hij observeerde hem. Zijn koptelefoon was nu stil. Wat hij wel voelde was een opeenvolging van vragen en zenuwprikkels die, daar was hij van overtuigd, door de ooievaar werden uitgezonden. Daar kon geen misverstand over bestaan. Van zijn kant probeerde hij door middel van zijn eigen gedachten uit te leggen dat ze inderdaad allemaal uit hetzelfde hout gesneden waren, waarmee hij hoopte te bevestigen dat wat hij dacht de ooievaar zelf ook dacht. Hij voelde hoe het dier reageerde, dezelfde vreugde voelde als hijzelf omdat hij in staat was te communiceren met een andere soort. En zo bleven ze hun lome rondjes draaien, terwijl ze langzaam weer terugdreven naar het vliegveld in de verte. Ze hadden al hun interesse verloren voor wat zich op het grasveld afspeelde.

Het was pas naderhand dat hij in staat dacht te zijn om de communicatie die leek te ontstaan tussen hem en de ooievaar, te reconstrueren. Of liever gezegd, niet zozeer tussen de vogel en hem persoonlijk, maar tussen zijn vliegtuig, waar hij helemaal deel van was geworden, en die grote zwart-witte vogel met z'n oranje snavel. In menselijke termen kwam het neer op een heel eenvoudige uitwisseling van gedachten over de technische details van hun vliegbewegingen. Als in een openbaring zag hij ten volle hoe het brein daar vooraan, via een gecompliceerde reeks pezen en zenuwen, alle bewegingen, correcties en ingewikkelde posities van de vleugels en het lijf aanstuurde om zijn wil uit te voeren. Om te zweven, op te stijgen, te navigeren, te dalen, de klimmen en te wenden. Om al die routineuze handelingen uit te voeren, en uiteindelijk te landen. Hij liet de ooievaar weten dat hij in feite hetzelfde deed. Alleen zonder pezen en zenuwen. Alleen assen en snaren en katrollen en een propeller die of snel of langzaam draaide.

De ooievaar erkende die feiten maar liet zien dat dat alleen maar technische details waren; de basisvaardigheden werden op die manier over het hoofd gezien. Was degene tegenover hem, hij die een was met de machine, niet precies hetzelfde aan het doen als hij, de ooievaar? Waren het geen pezen en zenuwen die hun wil overbrachten op stangen, katrollen, kabels, de motor? En stonden daarom die pezen en zenuwen, en daardoor hun meester, niet aan de basis van alles wat vloog? Was de rest niet slechts een verzameling zielloze middelen, zonder intellect of wil, die wachtten op instructies. 'Ik bedoel,' dacht de ooievaar, 'zoals mijn vleugelspieren, slagpennen en poten.' Een vogel op zich, ging hij door, is niets. Hij doet alleen maar wat hem opgedragen wordt. Hetzelfde als jouw vliegtuig, met als zijn dure navigatieapparatuur die je sowieso niet gebruikt.

Hij werd bevangen door een heel vreemd gevoel toen hij heel duidelijk hoorde hoe de ooievaar hem via de radio met 'Papa Alfa Delta' aansprak. Wel ja, waarom ook niet? Hoewel hij zich ervan bewust was dat hij werd meegesleept in een surreële maalstroom, vroeg hij op heel natuurlijke wijze aan Oscar Oscar India Echo Victor Alfa Alfa Romeo – want met die roepnaam had de ooievaar naar zichzelf verwezen – om een paar basisvliegbewegingen te laten zien, waarbij hij probeerde om echt te begrijpen, te voelen hoe de instructies aan het lichaam en de vleugels werden doorgegeven.

Terwijl hij de vogel in zijn vlucht volgde voelde hij, voelde hij echt bewust, hoe zijn eigen zenuwen en pezen samenwerkten met stangen, katrollen en kabels. Hoe zijn rolroeren zijn positie veranderden, gladjes en soepel, hoe hij in zijn cockpit echt fysiek aanvoelde dat het vliegtuig tot leven was gekomen, deel van hem was geworden en soms zelfs van tevoren wist wat hij wilde. Hij keek naar buiten naar de vleugeltip en was niet verbaasd om niet een glimmende huid van aluminium te zien, maar een wittige vlek waarvan hij alleen maar kon bevroeden dat het veren waren. De ooievaar vroeg hem nu: 'Zie je hoe het allemaal eender is? Er bestaat geen jij of ik meer, we zijn allemaal hetzelfde, alleen ons uiterlijk verschilt een beetje.'

Er was inderdaad niets aan; een eitje. Waarom had niemand hem eerder duidelijk gemaakt wat vliegen eigenlijk inhield? En ook nog een heel stuk goedkoper dan een vliegtuigje bij de club huren. Zodat het vliegen en het betalen van de alimentatie elkaar niet meer in de weg zaten. Je kon geen rekening krijgen voor het huren van een ooievaar, toch? In elk geval sprak de ooievaar hem niet tegen.

Inmiddels was hij zich al niet meer bewust van zijn eigen machine. Hij ging sneller of langzamer, steeg of daalde zonder dat hij merkte dat hij er iets voor deed. Wat hij wel voelde was dat zijn voorkant op een of andere manier zwaarder werd. Iets onder de voorkant, een soort gewicht dat de neus naar beneden trok. Hij hoorde duidelijk het antwoord op zijn vraag wat er aan de hand was: 'Als ik als jij kan zijn, en jij als ik, dan moet je ook weten dat ooievaars niet alleen maar vliegen, zweven en op één poot staan te wachten op kikkers. Trek je snavel op en je zult het begrijpen. Ik moet nu gaan, ik neem aan dat we elkaar nog wel een keer zullen tegenkomen.' Zonder verdere uitleg maakte de ooievaar een vleugelslag en verdween met een sierlijke bocht.

Terwijl hij het toestel zodanig probeerde te trimmen dat zijn neus minder zwaar werd, merkte hij dat er iets oranjekleurigs uit naar voren stak. Een snavel! Hij had een snavel! Nee, niet *zoals* de ooievaar. Hij was een ooievaar geworden, hij *was* een ooievaar. Hij liet het gevoel over zich heen komen, liet zich erdoor meeslepen. En toen hij eenmaal gewend was aan deze vreugdevolle verandering – metamorfose zelfs – vroeg hij zich af wat de oorzaak was van de verandering in de balans van zijn vliegende lichaam. Hij verhief zijn snavel ietwat en merkte dat er iets onder hing dat zachtjes in de luchtstroom heen en weer wiegde. Zijn hart sloeg over. Hij keek opzij van de snavel, *zijn* snavel, en zag aan het puntje ervan een bundeltje lappen hangen met iets erin. Geen wonder, dacht hij, dit tart werkelijk alle beginselen van het vliegen tijdens het huidige tochtje. En toen trof hem de strekking van wat de ooievaar bij zijn vertrek had gezegd. *Wat hij daar vooraan droeg was een klein kind, een baby.*

Hij liet deze nieuwe situatie, dit nieuwe gevoel, op zich inwerken. Dit was niet normaal meer en je hoefde niet te verwachten er ooit gewend aan te raken. Maar op dit moment was het belangrijker om iets te doen aan de aerodynamische gevolgen. Het was niet bepaald makkelijk om op de goede koers en hoogte te blijven met dat bungelende pakketje. De ooievaar had hem overduidelijk op weinig elegante wijze te pakken genomen, want hij zat nu met diens taak opgezadeld. Maar – en dat was het grote probleem – zonder ook maar de minste of geringste aanwijzing wat betreft het afleveradres.

Er was nu geen tijd voor verwijten; hij zou een hartig woordje met hem spreken wanneer ze elkaar weer zouden ontmoeten.

Terwijl hij bezig was dit nieuwe probleem onder ogen te zien, knaagde er in zijn achterhoofd een verraderlijk, zo niet geniepig plan, dat op duivelse wijze in zijn bewustzijn probeerde door te dringen. Het had geen zin om het te onderdrukken, zei de donkere kant van zijn wezen, er is geen andere uitweg. En uiteindelijk zal iedereen beter af zijn. Hij kon de verleiding niet weerstaan; er was echt geen andere uitweg. En inderdaad, aan het eind zou niemand te klagen hebben.

Hij zette koers in de richting vanwaar degene die zijn alimentatie ontving woonde. Als daar, zo luidde zijn gedachtengang, een baby op zou duiken, dan zou dat onweerlegbaar aantonen dat iemand anders het nieuwe gezin onderhield. Daarom zou hij, zo luidde de verheugende conclusie van zijn gedachten, geen alimentatie meer hoeven te betalen. En als net zo verheugende bijkomstigheid daarvan zouden er in de toekomst geen problemen zijn bij het betalen van zijn vliegerij. Er zou weer orde zijn in zijn bestaan. Hij kon niet dankbaar genoeg zijn voor wat de ooievaar hem vandaag gebracht had.

Hij kreeg het toekomstige huis van de baby in zicht, cirkelde er één keer omheen en keek naar een paar voorbijgangers die met open mond naar hem wezen. Ze waren hem vast aan het toejuichen. Een smal groen paadje in een parkje was de landingsplaats die hij op het oog had. Hij zigzagde langs wat bomen, hield zijn bundel zo hoog mogelijk en remde af tot minimumsnelheid, zijn vleugels net niet helemaal verticaal. Toen hij bijna stilstond, voelde hij hoe de opwaartse druk begon weg te vallen en met een perfecte timing raakte hij de grond, waarna hij nog even verder hobbelde. Precies waar hij had willen landen. Er was niemand te zien, dus hij besloot de bundel die hem was toevertrouwd op te grond te leggen, waarna hij weer opsteeg. Hij was nu veel lichter, en toen hij achterom in de diepte keek, zag hij hoe de deur van het huis opengingen en iemand naar buiten kwam en de baby oppakte.

Tijdens het opstijgen jubelde hij van blijdschap. Hij had niet alleen een goede daad verricht, een heel goede daad zelfs, en een paar mensen heel blij gemaakt, hij was zelf ook op een heel aardige wijze beloond, zonder er ooit om te hebben gevraagd. Dus wat was er eigenlijk mis met die zogenaamde donkere kant van zijn karakter? Eind goed, al goed, dus waarom zou je je zorgen maken om de gepastheid van je beweegredenen? Hij besefte dat hij aan het eind van zijn vlucht een halfuur langer weg zou zijn geweest dan gepland. Maar die extra uitgaven konden hem niet verdommen. Kon hij vanaf nu zijn geld niet besteden aan wat echt van belang was? Zonder zich gehinderd te voelen door andere financiële verplichtingen?

Hij haastte zich nu naar het vliegveld. De lucht was helder: onder hem ontvouwde zich het landschap en hij kreeg zin om een mooie *victory roll* te maken. Maar hij hield zich in. Het is logisch, dacht hij, dat ooievaars geen *slow rolls* maken, niet kunnen maken. Of een ander kunststukje uithalen, trouwens. Maar geen zorgen, blij meldde hij de verkeerstoren dat hij in aantocht was. Naderhand wist hij niet meer in welke bewoordingen. Sowieso, hoe roept een ooievaar een verkeerstoren op?

Hij merkte dat zijn koptelefoon begon te kraken. 'Vliegtuig dat verzoekt om landingsinstructies, alstublieft *callsign* herhalen.' Dat was de verkeerstoren, hij herkende de stem. 'Oscar Oscar India Echo Victor Alfa Alfa Romeo. Dat staat voor ooievaar, ik herhaal ooievaar,' antwoordde hij. Er was geen andere communicatie op de radio. Na een lange stilte kwam de verkeerstoren weer door. 'Goed, Papa Alfa Delta, er is geen verkeer. Maar houd u alstublieft aan de correcte radioprocedures,' hoorde hij tot zijn verbazing. Er volgden landingsinstructies en hij kreeg te horen welke baan hij kon gebruiken, en uiteindelijk mocht hij landen. Hij wilde niet in discussie gaan over zijn roepletters. Als zij dachten dat hij nu Papa Alfa Delta was, het zij zo. Maar er was wel iets wat zich in zijn geheugen roerde.

Na een tamelijk strakke eerste helft van het circuit voerde hij een scherpe bocht uit om op zijn aanvliegroute uit te komen en begon vervolgens aan een tamelijk abrupte daling. Waarom zou je een landingsbaan gebruiken? Was hij in dat park ook niet precies op de goede plek aan de grond gekomen? Hij zou de verkeerstoren eens laten zien hoe je kon landen, als je maar wilde. Dus hij strekte zijn benen, boog zijn vleugels in een bijna verticale positie, voelde de naderende *stall* door de fladderende veren op zijn vleugels, en corrigeerde zijn snelheid tot een onberispelijke *touch down* die werd gevolgd door een paar sprongetjes. Maar dit keer voelde hij zijn voeten niet. Hij voelde wel een duidelijk gebonk van grommende wielen, gevolgd door een fikse klap van het landingsgestel dat de landingsbaan raakte. Hij hoorde zijn motor stationair draaien en merkte hoe zijn machine binnen de kortste keren tot stilstand kwam.

Langzaam daagde het besef in hem dat hij uit een andere wereld kwam, zo niet uit een ander leven. Dat er geen roepnaam Oscar Oscar India Echo Victor Alfa Alfa Romeo was. Alleen Papa Alfa Delta, een duur vliegtuig dat een halfuur langer in de lucht was geweest dan hij had begroot. En die extra financiële last zou door geen enkele goede zorg van welke ooievaar dan ook worden verlicht. 'Papa Alfa Delta, hoe is uw toestand? U kwam binnen met een wel heel hoog geheven neus. Het leek wel alsof je op de laatste 150 meter stil hing.'

'Alles in orde, geen probleem,' antwoordde hij en hij taxiede op z'n gemak terug naar het platform. 'Ik ben alleen maar terug, dat is alles.' Hij wilde eraan toevoegen: 'Uiteindelijk is het allemaal een kwestie van genen. Vliegen als een ooievaar is één ding, maar er echt een zijn is wat anders.' Maar hij hield dat allemaal voor zich. Die gozer in de verkeerstoren zou er toch niets van hebben begrepen.

Vliegers zijn liegers

'Maar dit keer, wat een grap, lieg ik, want ik ben net de waarheid aan het ontdekken. En de waarheid, engel van me, ligt buiten ons.'

JOHN LE CARRÉ, *DE NAÏEVE EN SENTIMENTELE MINNAAR*

'Daar was ik dan, op m'n kop op een hoogte van 30.000 voet, met niks op de klok behalve een vieze vinger op de naam van de maker.' Dat was, waarschijnlijk, de meest klassieke uitspraak die sinds het begin van het vliegen over ontelbare bars was gevlogen. Of beter gezegd, niet het allereerste begin: 30.000 voet kwam zeker niet op bij Orville en Wilbur Wright toen zij in 1903 in Kitty Hawk hun bemande en gemotoriseerde Flyer lieten opstijgen. Eind jaren dertig, begin jaren veertig komen beter in de buurt. Toen werd een hoogte van 30.000 voet – *Angels thirty* – steeds vaker bereikt. Daarna haalden de vliegtuigen langzamerhand steeds grotere hoogten. Los natuurlijk van de kwantumsprong van de ruimtereizen.

Wie die uitspraak ook voor het eerst mag hebben gebruikt, die indertijd al snel een klassieker werd binnen het RAF-jargon, hij had niet helemaal door dat hij het wonder van het vliegen onder woorden bracht, of liever gezegd, het wonder van het vliegen zoals puristen dat ervaren, in het juiste perspectief plaatste. Het was natuurlijk een lang verhaal, het was natuurlijk zwaar overdreven, maar op zich was alles waar. Geen vleugje fabuleren, laat staan liegen. Tenzij het natuurlijk helemaal niet gebeurd is. In dat geval zou het uiteraard een aperte leugen zijn. En – opnieuw: natuurlijk – dat zou ongepast zijn voor een echte piloot, nietwaar?

Dus laten we het eerst eens uitzoeken. Ten eerste, de luchtsnelheid wordt gemeten aan de hand van de hoeveelheid lucht die door een buis gaat – de zogenaamde pitotbuis – en aan het uiteinde tegen een membraam komt waaraan een wijzer is bevestigd. Hoe sterker, hoe sneller de luchtstroom, hoe meer lucht per tijdseenheid. Dus hoe hoger de druk, hoe meer de wijzer aangeeft. En andersom, natuurlijk.

En hoe hoger je gaat, hoe minder lucht er is. Waar heb je lucht voor nodig, behalve om te ademen? Er moet voldoende lucht – een gegeven hoeveelheid lucht per tijdseenheid – over je vleugels stromen om de opwaartse druk te krijgen waardoor je vleugels je laten stijgen en stijgen. Als de luchtstroom onvoldoende is, te langzaam bijvoorbeeld, dan kan de vleugel je niet dragen en val je stil. En vervolgens val je naar beneden. De snelheid weer laten toenemen zal het probleem oplossen, want dan stroomt er weer meer lucht per tijdseenheid over je vleugel.

Als je dus blijft stijgen en stijgen, met een machine die daartoe in staat is, dan wordt de lucht ijler, tot de grens bereikt wordt waarbij per tijdseenheid nog genoeg opwaartste kracht wordt veroorzaakt om je vleugel – en jou – een plezier te doen. Overschrijd je die grens, dan zul je wat minder blij zijn. Dan is er ook onvoldoende lucht om tegen het membraam met wijzer te drukken om je snelheidsmeter een veilige snelheid te laten aanwijzen. Op dat onverwachte moment, het moment waarop je je echt begint voor te stellen dat je het hoogste wezen op de hele wijde wereld bent, houden je vleugels het voor gezien. Of met de juiste term, je vleugels overtrekken. Eigenlijk val je als een baksteen naar beneden. Je tuimelt misschien zelfs wel ondersteboven. In paniek kijk je naar je snelheidsmeter en ziet dat hij bijna niets aangeeft, nauwelijks een luchtstroom door de pitotbuis die de moeite waard is, weet je nog? En natuurlijk trek je onmiddellijk de conclusie dat de wijzer vastzit. En, heel begrijpelijk, begin je als een dolle tegen het glas van het metertje te tikken in de ijdele hoop alles weer bij het oude te krijgen.

En natuurlijk zal de wijzer niet in beweging komen. Bovendien werd dat waardige instrument in het verleden geproduceerd door Messrs. Smith, een beroemd en gerenommeerd instrumentmakersbedrijf. Dus in wezen was je volstrekt zinloos aan het tikken tegen de waardige naam van die heer. Met je – vieze – vinger. Totdat je uiteindelijk een paar honderd meter naar beneden tuimelt, waar het toestel weer meer of minder onder controle komt in de minder ijle lucht. Waar jij dan ietwat beschaamd de controle overneemt en je afvraagt wat er is gebeurd.

En als je je dan een keer, aan de bar bij de vliegclub, gedwongen voelt om een verhaal te vertellen over iets wat je een keer is overkomen, waarom vertel je dan niet, zoals het ook echt gebeurd moet zijn: 'Daar was ik dan, op m'n kop op een hoogte van 30.000 voet, met niks op de klok behalve een vieze vinger op de naam van de maker.' Het is misschien zwaar aangezet, maar tot in het kleinste detail waar. In elk geval geen gefabuleer, geen leugen.

Het gebeurde lang geleden ergens in het Oosten. Op Java, om precies te zien. Daar waren ze dan, zij tweeën, Robbie en hij, ieder met zijn eigen vliegtuig, uitgezonden naar een uitermate primitief vliegveld aan de noordkust van dat Aziatische eiland, voor een kort verblijf tijdens een schoonveegoperatie ter ondersteuning van de een of andere legereenheid. Allemaal weinig opzienbarend, maar aangezien het hun eerste vliegoperatie was nogal beangstigend, een soort rite de passage *die hun het lidmaatschap verschafte van die mythische congregatie van 'degenen op wie geschoten is', hetgeen hen begrijpelijkerwijs zelfverzekerd en verwaand maakte. Ze voelden zich zelfs iets minder gefrustreerd dat ze in zo'n vermaledijd wrak als een Auster Mark III vlogen. Korte landingen en starts, helemaal waar, en de motor, een Gypsy Major, kon zo'n beetje alles weerstaan wat er tegenaan kwam. Bovendien was de linnen bekleding van de vleugels en de romp precies waar het grondpersoneel om vroeg; schade die werd aangebracht door wat ze op zich afgevuurd zouden krijgen, zou met gewone pleistertape weer gerepareerd kunnen worden.*

Maar ook echt in die kist vliegen was een heel ander verhaal. Geen intrekbaar landingsgestel, slome rolroeren, een onnauwkeurig hoogteroer en geen, ik herhaal, totaal geen pit. De dromen over vliegen in een eenpersoons jachtvliegtuig zouden pas veel later realiteit worden.

Dus was er een heel begrijpelijke neiging onder de piloten van het squadron om dingen uit te halen met de Auster waar de ontwerpers – en de luchtmachtvoorschriften natuurlijk – het toestel nooit voor hadden bedoeld, noch mee konden instemmen. Zoals een looping *maken – bij voorkeur tijdens een artilleriebeschieting, alleen maar om indruk te maken op de jongens daar beneden – of het wegverkeer stilleggen door op de laagst mogelijke snelheid tegen een sterke wind in te vliegen zodat je ten opzichte van de grond heel duidelijk achteruit vloog. Zoals onder hoogspanningskabels duiken en vervolgens disciplinaire maatregelen weten te voorkomen door te stellen dat het nodig was vanwege – uiteraard uit de duim gezogen – intensief vuur uit licht afweergeschut. Zoals opstijgen met zó veel overgewicht dat het redelijkerwijs – en mathematisch gezien – volstrekt onmogelijk zou moeten zijn om onder die omstandigheden van de grond te komen. Zoals – en hier kwam Robbie in beeld – de wielen van de Auster laten draaien door over het water te scheren.*

Ze vlogen in formatie langs de kust terug naar hun basis. Robbie voorop, terwijl hijzelf rustig aan stuurboord vloog. Terwijl hij wat dichterbij kwam en met zijn vleugeltip achter Robbies vleugel schoof, bekeek hij de andere Auster. Niet echt een fraaie aanblik, maar wat maakte het uit. Ze waren nu een operatie aan het uitvoeren en bereden die koeien alsof het renpaarden waren. Robbie keek naar hem en gebaarde dat hij lager ging vliegen. Hij volgde Robbie, nog steeds in een strakke formatie, maar toen hij zag dat ze de zee naderden ging hij weer wat hoger. Het was beter het water niet te raken, zelfs bij de relatief lage snelheid van de Auster. Niet op zijn leeftijd. Links beneden zich zag hij Robbie nu met volle vaart over het water gaan, water dat nauwelijks een rimpeling vertoonde. 'Kijk uit onder je, Robbie, een gladde waterspiegel, daar moet je bij uit de buurt blijven.' Geïntrigeerd keek hij toe hoe Robbie het wateroppervlak naderde en hij was verbijsterd om te zien hoe het vliegtuig van Robbie bijna zijn eigen weerspiegeling raakte. Vervolgens zag hij hoe Robbies propeller een V-spoor achter zich trok en opeens merkte hij hoe het water achter het toestel opstoof, waarna hij heel beheerst weer steeg. Over de radio klonk Robbies opgewonden stem: 'Ik heb de wielen laten draaien, echt waar, ik heb de wielen laten draaien!'

Ze bespraken de kwestie toen ze eenmaal weer op de basis waren, in de hoop dat niemand op hun radiokanaal had meegeluisterd. Robbie was er nog helemaal vol van: 'Ik wist dat ik het kon,' zei hij. 'Maar je moet het heel voorzichtig doen. Ik heb er nachtenlang over liggen nadenken, steeds weer opnieuw. Vandaag was de eerste poging. Wat je moet doen is op dezelfde manier beginnen als ik, maar wanneer je voelt dat je het water raakt en het geplens tegen je romp hoort, dan móét je de verleiding weerstaan om weer omhoog te gaan, zoals ik vandaag deed. Je moet tegen je instinct ingaan; je moet zelfs heel, heel voorzichtig je stuurknuppel naar voren duwen. Je hoeft alleen maar nog zo'n tien centimeter lager te gaan. Maar niet meer. Dan ben je nog altijd boven het niveau van de wielas. Als je verder gaat dan dat, ben ik bang dat de wielen in het water blijven steken en dan sla je over de kop. En dan is het over en uit.'

'Ik zei je over de radio dat je beter uit de buurt van een glad wateroppervlak kunt blijven.' Robbie bleek het volledig eens te zijn met de waarschuwing die hij had gekregen. 'Dat weet ik,' antwoordde hij. 'Ik ben me volledig bewust van de gevaren die er achter, zo niet onder dat water schuilen. Laag vliegen over golven is kinderspel; de golven zijn een uitstekend referentiepunt om op het oog de hoogte in te schatten. Een glad wateroppervlak laat je niets zien, dat weten we allemaal. Maar ik heb gemerkt dat als je over rimpelloos water vliegt, je je hoogte nog steeds tamelijk goed kunt inschatten door recht vooruit te kijken. Er drijft

altijd wel iets op het oppervlak. Stukjes hout, zeewier, afval. Dat helpt allemaal. Maar de rest moet je zelf doen. Zoals jezelf laten zakken in een kokend heet bad. Op je gevoel, weet je nog?' Hij lachte. 'Als de zee morgen rustig is, dan komt er een complete voorstelling. Wel jammer dat ik mijn eigen waterpluim niet kan zien. Maar in zekere zin zal het een volledig wetenschappelijk experiment zijn. En daarvoor heb ik een getuige nodig. Wil je meekomen om te kijken?'

Hij bedankte Robbie vriendelijk, nee bedankt. Mocht er iets gebeuren, dan hoorde hij dat liever later dan het als getuige mee te moeten maken. Iemand te pletter zien vallen is erg genoeg. En het dan ook nog allemaal weer oprakelen tijdens het officiële onderzoek, dat zou het trauma nog groter maken.

Een paar dagen later zag hij Robbie uit zijn Auster komen met een grote grijns en met twee duimen de hoogte in. Dus hij had het uiteindelijk toch voor elkaar gekregen. De romp van zijn vliegtuig voelde kleverig aan van de zilte aanslag. Hij was over de haven gegaan, vertelde hij, en richting zee gevlogen, met de zon in de rug. Dat was een slimme zet, want zo kon hij naarmate hij lager kwam zijn eigen schaduw zien naderen. De zee was spiegelglad en hij daalde langzaam. Toen hij het water raakte, toen zijn wielen begonnen te draaien, ging hij nog een paar centimeter lager, heel voorzichtig dwong hij zichzelf nog een paar centimeter naar beneden. Hij merkte dat zijn snelheid terugviel door het remmende effect en hoorde het helse gekletter achter hem dat veroorzaakt werd door het water dat tegen de romp van zijn toestel sloeg. 'Ik moet de mooiste waterpluim aller tijden hebben gemaakt. Jammer dat je het niet gezien hebt. Zeer waarschijnlijk zal niemand me geloven.'

'Breek daar je domme hoofd maar niet over,' zei hij tegen Robbie. 'Ik geloof je in elk geval wel. Je bent geen leugenaar. Ik vloog toch boven je toen je de eerste keer de zee kuste? Maar je hoeft het niet nog een keer te doen om mij iets te bewijzen. Of jezelf.'

Dat kwam aan bij Robbie. Hij werd opeens heel erg serieus.

'Ik hoef mezelf niets te bewijzen, geloof me. Het is alleen zo dat je soms weet dat iets kan, wanneer je alle omstandigheden goed in ogenschouw hebt genomen, alle aspecten die een rol spelen. En als je er geheel en al van overtuigd bent dat het te doen is, nee, dat je het echt gaat doen, dan valt er nog maar één ding te doen. De proef op de som. Alle wetenschappelijke experimenten zijn daarop gebaseerd. Het zit in de mens. En maak je geen zorgen, ik zal het niet nog een keer doen.' Waarop hij terugkrabbelde: 'Tenminste, niet elke vlucht.'

Een paar weken later vlogen ze samen naar dezelfde landingsstrip, vanwaar ze ieder naar hun eigen bestemming vertrokken. Ze hadden afgesproken om op de terugvlucht een rendez-vous te hebben boven het veld. Via de radio hoorde hij Robbie melding maken van afweergeschut en hij vertelde de verkeersleiding dat hij zou dalen om het te ontlopen. Toen hij zich bij hem voegde voor de terugvlucht, keek hij naar Robbies Auster. Hij liet Robbie weten dat hij geen schade zag, een bericht dat in dankbaarheid werd ontvangen. Maar elke hoop dat dit een rustige terugvlucht zou worden werd de grond in geboord toen hij Robbie hoogte zag verliezen, zoals die laatste keer. Hij besloot enige afstand te houden en keek vol afschuw toe hoe de Auster steeds meer hoogte verloor, centimeter na centimeter, totdat hij de propeller een V op het water zag trekken en even later een pluim waterdruppels en nevel die de romp van het toestel omhulde. Dit keer begon Robbie vervolgens niet voorzichtig te stijgen maar bleef hij op zijn koers. Robbie ging nu duidelijk steeds langzamer en hij zag hoe de waterpluim groter werd en achter de Auster aan wapperde alsof hij in brand stond. Dit ging een paar seconden zo door. Lange seconden. Toen trok Robbie zijn toestel voorzichtig op, de waterpluim verdween en de V achter hem werd weer zichtbaar, waarna hij pas verdween toen Robbie had besloten om weer bij zinnen te komen en terug te keren naar de wereld van de levenden.

'Jij hebt het gezien, toch! Jij bent mijn getuige! Jij hebt gezien dat het kan. De wielen draaien nog steeds!'

Toen ze weer terug op de basis waren, nam Robbie hem na de landing apart. 'Zag je die andere kist in de verte?' Dat had hij niet, in beslag genomen als hij was geweest door het ophanden zijnde verongelukken van Robbie. 'Misschien heeft hij ons gezien en rapporteert hij een crash. En wij willen geen vervelende ondervragingen. Jij bent mijn getuige dat we op de terugvlucht van onze operaties vanaf de grond werden bestookt en om de vijand te misleiden moesten we wel zo laag mogelijk gaan vliegen. Tactische beslissing. De pluim was alleen maar opspattend water van de propeller. En,' besloot Robbie, 'moet je eens kijken! We hebben het goed gedaan: geen kogelgaten!'

Daarbij moest hij wel de vraag onder ogen zien hoe geloofwaardig het was dat ze in dat gebied vanaf de grond werden beschoten. 'Je hebt toch gehoord dat ik afweervuur heb gemeld aan de verkeersleiding. Dat zal hij waarschijnlijk bevestigen, al weet ik dat jij denkt dat ik dat verzonnen heb. Maar dat is niet van belang. Of dat waar is of niet, zal niemand ooit weten. Maar ík weet één ding. Jij zal me niet naaien, zeker weten. Eigen belang, toch? Maar wat belangrijker is, ik heb nu een getuige. Jij hebt het me zien doen, met pluim en al.'

Het begon hem te dagen dat Robbie het allemaal van tevoren had bedacht. Natuurlijk was er geen sprake geweest van afweergeschut tijdens hun operatie. Zijn radiomelding diende alleen maar tot alibi. Hij had zijn voorstelling goed gepland en, dat moest hij toegeven, briljant uitgevoerd. Hij draaide zich om en keek naar de Auster. Hij was nog nat en er lekte water uit de opening van het staartwiel. Een kalm stroompje. Die ouwe knol van een Auster had het duidelijk in z'n broek gedaan van angst. En het bleek dat niemand een vliegtuigongeluk boven zee had gerapporteerd. Dus geen pijnlijke vragen en geen officieel onderzoek.

Officiële onderzoeken en rapporten over ongelukken worden geacht om kil en feitelijk te zijn en vrij van elk zweempje subjectiviteit. Terecht, natuurlijk. Rapporten over ongelukken vallen, volgens het overgrote deel van de vlieggemeenschap, onder het kopje 'Kijk uit dat het jou nooit overkomt'. En als zodanig zijn ze van onschatbare waarde voor diezelfde vlieggemeenschap; en als zodanig worden ze meestal ook ter harte genomen. Preventie, zo heet dat.

Maar woorden en omhaal van woorden kunnen misschien wat worden aangezet, zelfs al schetsen ze een tragisch verloop van de gebeurtenissen. Waarom zou je een crash geen crash noemen? Iedereen weet wat een crash is. Iedereen weet dat het een gebeurtenis is die, uit louter zelfbescherming, vermeden dient te worden. Hoewel op een of andere manier de zin 'het toestel is verongelukt et cetera et cetera' correcter is, lijkt het menselijke aspect dat het woord 'crash' impliceert een beetje verloren te gaan. Om maar te zwijgen over 'abrupte snelheidsafname gevolgd door het totale uiteenvallen'. Heel erg waar en feitelijk, geen twijfel over, maar een beetje onaantrekkelijk. Het fleuriger en wijdlopiger 'daar was ik dan' met een geheel subjectieve beschrijving van een vliegtuigongeluk waarbij de onderdelen in het rond vliegen lijkt vaak meer te zeggen dan de kilheid van een officieel rapport.

Maar die twee moeten er allebei zijn, en dat is dan ook het geval. De puntigheid van het officiële jargon en de overdrijving in al haar subtiele variaties. Een opeenvolging van kale feiten en de visie daarop van de hoofdrolspeler. Uiteindelijk is de kip in de pan niet meer dan een verzameling opgewarmde proteïnes. Maar de vulling kan het gerecht onvergetelijk maken.

Dus als een piloot een verhaal opdist, wanneer hij geestdriftig aan het vertellen slaat, wanneer hij jouw goedgelovigheid uitdaagt, val hem dan niet te hard. Noem hem niet al te snel een fantast of een leugenaar. Want als het zover komt, als de vliegende leugenaar zijn verhaal goed vertelt, dan krijgt de toehoorder hopelijk een beter en levendiger beeld van wat er gebeurd is dan wanneer het verteld wordt in een precieze en neutrale taal. In negen van de tien gevallen zul je beseffen dat zijn kleine overdrijvingen, zijn kleine verdraaiingen van de feiten, een beetje een hogere snelheid hier, een beetje meer G-kracht daar, nog een paar decimeter onder een niet toegestane lage vlieghoogte, wat dan ook, op geen enkele wijze de achterliggende kille en soms zelfs banale feiten veranderen die hij met je wil delen. Denk aan de vreselijke verhalen van hengelaars en vissers. Dat exemplaar dat ontsnapte. De handen die aangeven hoe enorm die ene vis was. Of de vingers van de bescheiden hengelaar die zo'n tien centimeter aangeven. Waarmee hij wil zeggen dat dat de afstand was tussen de ogen van het dier.

Maar er zijn bepaalde gebeurtenissen die beklijven, of ze nu

verteld worden door de hoofdrolspeler zelf die op de golven van zijn adrenaline erop los kletst, of in hun chronologische volgorde worden bekeken. Beide versies kunnen spannend, opwindend, zelfs lyrisch zijn. Afhankelijk natuurlijk van de rijpheid van de toehoorder of lezer, kun je daaraan toevoegen.

En zo gebeurde het, niet eens zo lang geleden in Frankrijk, dat een piloot uit de burgerluchtvaart die daarnaast ook een hartstochtelijk en enthousiast sportvlieger was, aan het mopperen was over de uiteenlopende regels en voorschriften die de burgerluchtvaartautoriteiten – en niet uitsluitend in zijn land – voortdurend uitvaardigden en die door de meeste leden van de pilotenbroederschap als even frustrerend als onhandig werden ervaren. Het sterke vermoeden bestond zelfs – en er moet gezegd worden, dat bestaat nog steeds – dat men het privévliegen in het vizier had. Het moest afgelopen zijn met al die kleine vliegtuigjes, het luchtruim is toch te vol, geef alle ruimte aan de commerciële luchtvaart. En zo een einde maken aan de lyriek. Zo luidde wellicht de ietwat te subjectieve veronderstelling van de kleintjes van het luchtruim.

Dus besloot onze Franse vriend – laten we hem Pierre noemen – een voorbeeld te stellen. Bij voorkeur een spectaculair. Een voorbeeld dat beroering zou wekken in meer dan alleen de vliegwereld. Een voorbeeld dat hopelijk ook de aandacht zou trekken van een breder publiek. Een voorbeeld dat de autoriteiten een hak zou zetten. En een voorbeeld dat schitterend, heroïsch, zelfs lyrisch zou zijn. Je zag voor je hoe Pierre's plan ontkiemde, vorm begon te krijgen en met zijn meest naaste vrienden in het geheim werd besproken. Je kon je de ondeugende en triomfantelijke glans in de ogen van Pierre voorstellen toen *'le plan'*, *'le raid'*, zover was uitgedacht dat alleen de details nog maar ingevuld hoefden te worden.

Hij zou door de Arc de Triomphe in Parijs vliegen. Niet heel laag eroverheen en daarbij een *tricolore* over de Arc gooien, zoals een landgenoot een keer schitterend had uitgedacht en uitgevoerd tijdens de afgelopen oorlog. Nee, hij zou erdoorheen vliegen. En van tevoren zou een televisiezender op de hoogte worden gebracht om dit waagstukje voor altijd vast te leggen. 'Ha ha,' zo luidde zijn gedachtengang waarschijnlijk, 'dat zal die vleugellamme sukkels op het ministerie een lesje leren. Dat zal ze ervan doordringen dat het luchtruim vrij en gespaard moet blijven van domme en steriele en kwaadaardige regels en beperkingen.' Niet dat iemand zijn demonstratie moest nadoen, dat zeker niet. Vliegen moest nooit gevaarlijk zijn. En hij was er ook bijna zeker van dat hij het lintje van het Légion d'honneur wel kon vergeten. In elk geval dat jaar. Maar de Franse wetgevers en bestuurders zouden inzien dat het tijd was voor een menselijkere, fantasievollere aanpak om de ruimte boven de grond ter beschikking te stellen aan iedereen – ook commercieel – die de jeuk op z'n rug had gevoeld, net zoals Icarus was overkomen toen hij vleugels begon te krijgen.

En zo gebeurde het. Onze Pierre deed het. Op een vroege zomerochtend. De tv-camera's in stelling; wellicht ook om getuige te zijn van een 'snelle dood en daaropvolgend uit elkaar klappen' van een mooi toestel tegen een van de meest symbolische bouwwerken van Frankrijk. Maar dat – Icarus zij gezegend – gebeurde niet. Iedereen die die dag tv keek, kon duidelijk zien hoe het vliegtuigje door de Arc vloog, waarna het vol gas aan zijn dartele klim begon, tegen de blauwe achtergrond van een prachtige zomerochtend.

Hoe zal er nu verhaald worden over deze grootse daad, die

prominent in de annalen van de vliegerij moet worden opgenomen? Aan latere generaties piloten. En in bredere zin aan latere generaties. Je kunt je voorstellen dat het voor de kleinkinderen van Pierre het favoriete verhaal van opa is.

Dus daar was hij dan, in een formatie van eenmotorige SPAD-jachtvliegtuigen, op 15.000 voet hoogte op een patrouille bij dageraad, om de noordelijke toegangswegen naar Parijs te beschermen tegen de moffen tijdens het laatste Duitse offensief in 1918. Hun opdracht was duidelijk en er was niet aan te tornen: 15.000 voet. Maar Pierre wist, en in feite wisten ze dat allemaal, dat het echte probleem kwam van de laag binnenvliegende Duitse verkenningsvliegtuigen die het rommelige maar in politiek opzicht zeer verontrustende artillerievuur van de houwitser Dikke Bertha zouden corrigeren.

Dus Pierre nam het op zich – zó vertelden de kleinkinderen het verhaal door, in het geheel niet gehinderd door het feit dat hun grootvader in de Eerste Wereldoorlog nog niet eens geboren was – om zich in z'n eentje te laten zakken en te speuren naar een Fritz die hun een loer wilde draaien. Geleid door de rook van een Dikke Bertha-projectiel zag hij dat de Duitse artilleriewaarnemer al aan het opbreken was, mét zijn waardevolle informatie waar het schot precies terecht zou komen.

De Duitser had hem niet opgemerkt, maar de afstand was te groot om hem achterna te gaan. Dus besloot Pierre om hem af te snijden op de koers waarvan hij verwachtte dat zijn tegenstander die zou kiezen, en dan zodanig dat hij hem pas op het allerlaatste moment zou zien. Met een wilde duikvlucht kwam hij laag boven de Place de la Concorde. Hij draaide de Champs Élysées op en zag zijn tegenstander in de verte rechts boven de daken van Parijs naderen. Pierre schatte dat ze elkaar in de buurt van of pal boven de Arc de Triomphe zouden treffen.

En dat gebeurde ook. Op volle kracht vloog de kleine SPAD de Champs Élysées op, recht op de Arc af. Omdat hij verdekt wilde blijven, bleef de onverschrokken vliegenier over de boom-

toppen scheren, waarna hij de gretige mond van de Arc naderde en er onversaagd doorheen vloog en er aan de andere kant weer uit kwam, in het volle zicht van de geniepige indringer, met wie hij onmiddellijk korte metten maakte. En nee, vertelde hij zijn gefascineerde kleinkinderen, hij kreeg geen oorlogskruis. Hij had een bevel niet opgevolgd. Niemand had hem toestemming gegeven om de voorgeschreven hoogte van 15.000 voet te verlaten. Dus daar was ik dan, vertelde Pierre ze, niet erkend door mijn 'patrie', *maar heel opgetogen en tevreden over een goed bestede ochtend. En nu naar bed.*

Die versie van het verhaal zou niet echt een leugen zijn. Zij klonk zo echt en diende een echt en waardig doel. Het bracht gevoelens van vaderlandsliefde teweeg in jonge harten en verspreidde het zaad voor revolutionaire initiatieven. Dus, geen echte leugen of een fantastisch verhaal. Alleen maar een beetje verbeeldingskracht. Dus, en daar ging het om, geheel en al toegestaan.

Het rapport met Pierre's ondervraging kwam nooit naar buiten, maar het moet heerlijke lectuur zijn geweest. Los van wat naar voren kwam als zijn beweegredenen, moet zijn versie van de briefing, de voorbereiding en de uitvoering van zijn operatie als volgt hebben geluid:

De Place de la Concorde, waarboven de zon net aan het opkomen was, lag aanmerkelijk lager dan zijn doel, de Arc de Triomphe. Toen hij zijn hoogtemeter instelde op de druk die hij van de meteorologische dienst had doorgekregen, had hij de precieze hoogte van de Arc vastgesteld. Hij zou de Place op precies die hoogte naderen en dan via de Champs Élysées, die de verbinding vormde tussen die twee bekende plaatsen, komen aanvliegen. Hij was van plan om de Socata Rallye – want zo heette zijn kist – op een snelheid van precies 90 knopen te houden. Dit gaf hem ruim de tijd om zijn koers rustig te kiezen, recht over de Champs, die zich tijdens het naderen van zijn doel voor hem uitstrekte. Met de zon in de rug had hij een helder en volmaakt zicht op de Arc die voor hem lag. Hij hoefde alleen maar nauwkeurig op de goede snelheid en hoogte te blijven en rechtdoor te vliegen.

Toen hij die parameters eenmaal goed had ingesteld, kon hij het zich zelfs veroorloven om om zich heen te kijken, waarbij hij zag dat er op die vroege zomerochtend nog niet veel verkeer reed. Hij kwam langs Fouquet, waar de rolluiken nog dicht waren. Hij zag een paar mensen die naar hem omhoog keken en een televisieploeg die op het balkon van een pand aan de Champs naar hem zwaaide. De opening van de Arc zag er ongemakkelijk klein en nauw uit. Hij dwong zich te bedenken dat de spanwijdte van zijn vleugels nog twee meter aan beide zijden overliet als foutmarge. Hij wist ook dat de onderdoorgang van de Arc hoog genoeg was. Zo had hij berekend dat hij zowel verticaal als horizontaal genoeg ruimte had. Hij hoefde zich maar op één ding te richten. Dat was de Eeuwige Vlam op de grond in het midden van de Arc.

Hij vloog verder, volledig geconcentreerd op die kleine vlam in de verte. Hij wist dat zijn hoogte en snelheid constant waren. Daar hoefde hij zich geen zorgen meer over te maken. Hij moest het beschouwen als alleen maar een lage doorkomst boven een vuurtje. Dat was alles. Maar hij moest er wel recht overheen gaan. Toen stelde hij vast dat de vlam in het verlengde van de kap van zijn motor lag, kaarsrecht op één lijn. Toen verdween de vlam onder zijn propeller door en begon hij te tellen. Van tevoren had hij nagegaan en nog eens nagegaan hoe vaak hij bij een snelheid van 90 knopen eenentwintig, tweeëntwintig enzovoort moest tellen tussen het moment dat de vlam onder hem verdween en het moment waarop hij aan de andere kant van de boog weer tevoorschijn kwam.

De vlam verdween. Hij begon met tellen, extra langgerekt voor de uiterste precisie. Zijn blik was recht vooruit gericht, en hij sloeg geen acht op wat er naast en boven hem was. Hij wist dat hij nog nooit in zijn hele leven zo recht en strak op koers had gevlogen. En als iets wat uitging boven zijn bewustzijn voelde *hij, meer dan dat hij het merkte, dat hij in de duistere schaduw vloog. En vervolgens zag hij, ook buiten zijn bewustzijn om, dat er verderop stralend licht gloorde. Het enige waar hij zich van bewust was, was dat hij telde. Inmiddels drieëntwintig, vierentwintig enzovoort. En pas toen hij ophield met tellen liet hij alle andere emoties over zich heen komen. Hij was er helemaal doorheen, vrij en los. In een impuls gaf hij vol gas en opgelucht, triomfantelijk, trok hij het toestel op. De tv-camera's onder hem snorden. En daar was hij, hij had het voor elkaar gekregen. Hij had bewezen wat er bewezen moest worden. Het Légion d'honneur was voor hem, ook al was hij zich ervan bewust dat hij er niet eens naar zou mogen kijken.*

Los van wat kleine ongerechtigheden moest het officiële rapport aldus hebben geluid. Dat moest wel. Geen gefabuleer, geen aandikkerij, geen leugens. Officiële rapporten zijn honderd procent leugenvrij.

Pierre – helaas, zoals mocht worden verwacht – kreeg een lesje. Op de Franse Erelijst van dat jaar prijkte zijn naam zeker niet. En de leidinggevenden van de luchtvaartmaatschappij waar hij in dienst was moeten op z'n minst bedenkingen hebben gehad om nerveuze maar betalende passagiers bloot te stellen aan angstaanjagende verhalen over die gozer voorin die geacht werd hen helemaal over de Atlantische Oceaan te brengen.

Pierre – opnieuw helaas – raakte in de vergetelheid. Maar zijn heldendaad is, ook al mag zijn naam vergeten zijn, nog steeds onderwerp van gesprek onder aficionado's. Hij wordt bewonderd en zelfs gewaardeerd, hoewel sommigen – want, helaas, zo gaat dat bij bepaalde mensen – zijn daad scherp afkeuren uit angst zichzelf te compromitteren. Ze zouden hun hoofd op laffe, niet-compromitterende wijze afkeurend schudden.

Maar allemaal, zonder uitzondering, hebben ze vast een droom, een brandend verlangen diep in hun binnenste, om Pierre's heldenstukje te evenaren. En iedere piloot die dat ontkent, is een grote leugenaar, geloof dat maar. Een heel grote.